LES CREANCIERS CHIROGRAPHAIRES EN PROCEDURES COLLECTIVES

OHADA

Djibril MAGASSOUBA

LES CREANCIERS CHIROGRAPHAIRES EN PROCEDURES COLLECTIVES

OHADA

Préface de Maître Souleymane Soumaoro

L'Harmattan
Guinée

5-7, rue de l'École-Polytechnique – 75005 Paris

www.harmattan.fr

ISBN : 978-2-336-53820-4
EAN : 9782336538204

DÉDICACE

À mes chers parents, qui m'ont tant soutenu face à l'adversité et aux difficultés. Aussi, à mes enfants : Abdoul Aziz, Fanta Neyla, M'bamaghan Jalila et Sinimaghan Saïd.

REMERCIEMENTS

Je remercie Allah, le miséricordieux par essence et par excellence pour sa grâce qui m'a permis d'accomplir ce travail dans la santé, en ayant le temps et les moyens nécessaires.

Je tiens à remercier Docteur Souleymane SOUMAORO depuis la France pour avoir préfacé cet ouvrage après d'énormes efforts dans le cadre d'encadrement de ces travaux malgré son importante charge de travail. La plupart de ses commentaires ont dirigé le contenu de cet ouvrage.

Toutes mes affections à ma tendre maman, Mme MAGASSOUBA née FANTA MAGASSOUBA pour sa détermination sans faille dans l'éducation qu'elle m'a procurée, ajoutée à son amour maternel, par son soutien indéfectible à mon égard, qui a apporté aujourd'hui ses résultats. Je trouve ici l'opportunité de lui exprimer mes sentiments les plus profonds.

Toute ma gratitude à mon cher père, SINIMAGHAN, pour avoir bien décidé que je sois scolarisé à une école franco-arabe pour bénéficier d'une double formation scientifique. Ses conseils et instructions inconditionnels à mon égard me permettent aujourd'hui de multiplier les résultats. La mort l'a arraché au moment où je poursuivais mes études, le privant ainsi du plaisir de récolter les fruits de ce qu'il a semé. Sa détermination dans le combat mené pour ma réussite durant, restera à jamais un souvenir gravé dans mon esprit. Je trouve ici l'occasion de lui exprimer toute ma gratitude : Papa, qu'Allah t'agrée "Amine"!

Mes vifs remerciements à mes chers frères et sœurs qui m'ont apporté une aide essentielle dans la poursuite de mes études. Je trouve ici l'occasion de leur remercier pour leur indéfectible soutien.

Je remercie infiniment ma chère épouse Bintou CAMARA pour son implication de tous les jours dans mes projets académiques et professionnels.

Merci également à monsieur Alsény CAMARA, ex-chef de département de Droit privé, à l'Université Général Lansana Conté de Sonfonia-Conakry, pour m'avoir encadré pédagogiquement et administrativement.

Une mention spéciale à la mémoire de notre bien-aimé et regretté Monsieur le Juge, KEBA M'BAYE[1], maître d'œuvre du Traité OHADA et principal artisan de l'harmonisation du Droit des affaires en Afrique.

---

[1] KEBA MBAYE (1924-2007) était un juriste sénégalais, qui occupa les plus hautes fonctions dans la magistrature Sénégalaise, et internationale, et le mouvement olympique. V. égal. « L'OHADA est un outil juridique imaginé et réalisé par l'Afrique pour servir le développement et la croissance ». (J. O. OHADA, n° 4, 1er novembre 1997, p. 1).

HONORE DE BALZAC disait que la faillite est *« une espèce de vol involontaire admise par la loi, mais aggravée par les formalités »*[2].

[2]Honoré de Balzac, le faiseur éd. de l'imprimerie nationale. Cité par Pollaud. Dulian F.

PRÉFACE

C'est avec un immense plaisir et une grande fierté que je prends la plume pour rédiger cette préface à l'ouvrage de Monsieur Djibril Magassouba, dont l'érudition et l'engagement envers la justice économique et financière se révèlent ici dans toute leur profondeur. Cet ouvrage, né de longues recherches et de réflexions approfondies, incarne non seulement le fruit de l'intellect, mais aussi la rigueur méthodologique et la passion que Monsieur Magassouba a su insuffler dans son travail académique.

Il y a plusieurs années, j'ai eu l'honneur d'encadrer le mémoire de Monsieur Magassouba, qui portait déjà sur ***« les créanciers chirographaires à l'épreuve des procédures collectives d'apurement du passif en droit de l'OHADA »***. Ce travail d'encadrement fut une expérience intellectuelle enrichissante pour nous deux, et il est particulièrement gratifiant de constater aujourd'hui que ces échanges académiques ont porté leurs fruits. En développant désormais cette étude sous forme de livre, Monsieur Magassouba transforme ce premier travail en une contribution précieuse et mûrement réfléchie, qui témoigne de sa persévérance et de son engagement dans l'étude des questions complexes qui entourent le droit des affaires en Afrique.

En s'attaquant à cette thématique complexe, l'auteur apporte un éclairage essentiel sur une réalité juridique souvent méconnue ou sous-estimée. L'analyse des créanciers chirographaires face aux mécanismes de protection et de priorisation des créanciers munis de garanties constitue un domaine où les débats doctrinaux sont denses, et où la jurisprudence, bien que dynamique, laisse encore place à des interprétations diverses. Monsieur Magassouba a su poser un regard à la fois critique et constructif sur les dispositions de l'Acte Uniforme de l'OHADA relatif aux procédures collectives d'apurement du passif, en proposant des pistes de réflexion pour une réforme en faveur d'une plus grande justice entre créanciers.

L'ouvrage se distingue par sa structure claire et didactique, qui permet d'aborder progressivement la position des créanciers chirographaires et les limites de leurs droits. En s'appuyant sur des cas concrets et des références pertinentes au sein de l'espace OHADA, Monsieur Magassouba illustre de manière vivante les difficultés pratiques que rencontrent ces créanciers dans leur quête de recouvrement face à des débiteurs en état de cessation des paiements.

Aujourd'hui magistrat financier, conseiller maître à la Cour des comptes de Guinée, l'auteur, par cet ouvrage, démontre une fois encore son attachement à l'évolution du droit africain des affaires et sa volonté de contribuer à un système plus équitable et protecteur des droits de tous les créanciers. Cet ouvrage, qui j'en suis convaincu ne sera pas le dernier, représente donc une référence précieuse pour les praticiens du droit, les magistrats, les chercheurs, et les étudiants qui souhaitent approfondir leur connaissance du droit de l'OHADA et des procédures collectives.

Je ne doute pas que ce livre saura susciter de nombreuses réflexions et inspirera d'autres travaux sur ce sujet crucial pour l'espace juridique africain. Monsieur Magassouba nous offre ici une étude non seulement juridique, mais aussi humaine, où la question de l'équité occupe une place centrale.

Je vous invite à découvrir cet ouvrage qui, à n'en pas douter, saura enrichir les débats et la compréhension de cette matière complexe et essentielle.

Maître Souleymane Soumaoro
Docteur en droit, avocat inscrit au Barreau de Paris.

MOT DE L'AUTEUR

Dans un environnement économique où l'insolvabilité des entreprises devient un phénomène de plus en plus fréquent, la gestion des procédures collectives d'apurement du passif constitue un enjeu crucial pour le maintien de la confiance entre les acteurs économiques. L'Organisation pour l'Harmonisation en Afrique du Droit des Affaires (OHADA) s'est imposée comme un cadre juridique de référence dans la gestion des faillites et du redressement des entreprises en difficulté, à travers l'Acte uniforme portant organisation des procédures collectives d'apurement du passif en 1998, révisé en 2015. Lequel est devenu, depuis cette réforme, l'un des outils essentiels pour sauvegarder non seulement l'activité économique, mais également pour encadrer les relations entre les débiteurs en difficulté et leurs créanciers, notamment les créanciers chirographaires. L'objectif est d'offrir une stabilité et une sécurité dans des transactions commerciales au sein de ses États membres.

Cependant, au cœur de ces procédures collectives, une catégorie de créanciers se trouve particulièrement vulnérable : les créanciers chirographaires. Nantis d'aucune garantie spécifique, ils sont souvent relégués au dernier rang dans la répartition des actifs de l'entreprise en faillite, après les créanciers privilégiés. Dans un tel contexte, ils deviennent les acteurs invisibles d'une lutte silencieuse pour la protection de leurs intérêts, souvent sacrifiés sur l'autel de la survie de l'entreprise et de la préservation de l'emploi.

Subissant de plein fouet, les conséquences des procédures de redressement ou de liquidation pour faute de sûreté particulière, il est essentiel d'examiner comment le droit OHADA à travers l'Acte uniforme portant organisation des procédures collectives d'apurement du passif concilie la protection de ces créanciers avec les objectifs plus larges de sauvegarde des entreprises et de préservation des emplois.

Cet ouvrage se propose d'analyser les mécanismes juridiques mis en place par ledit droit OHADA dans le cadre des procédures collectives d'apurement du passif, tout en mettant en lumière les défis auxquels sont confrontés les créanciers chirographaires. Quelles sont les marges de manœuvre dont disposent ces derniers dans un processus souvent dominé par les créanciers privilégiés ou garantis ? Comment le droit des affaires OHADA pourrait-il mieux protéger ces créanciers tout en favorisant une résolution efficace des difficultés des entreprises ?

En abordant ces questions, au-delà de l'analyse doctrinale et pratique des textes de l'OHADA, cet ouvrage ambitionne de susciter une réflexion sur les pistes d'amélioration de la protection des créanciers chirographaires, tout en préservant les objectifs plus larges de l'apurement collectif des dettes.

Pour ce faire, une grille de lecture critique sur les enjeux actuels et futurs des créanciers chirographaires dans la gestion des défaillances d'entreprises au sein de l'espace OHADA a été dressée.

Aussi, est une aubaine pour fournir aux praticiens du droit, aux chercheurs universitaires, aux étudiants ainsi qu'à tous les acteurs du monde des affaires, une compréhension approfondie des défis et des perspectives ou propositions tendant à améliorer la situation des créanciers chirographaires dans le cadre des procédures collectives.

INTRODUCTION GÉNÉRALE

« Licet alicui, adjiciendo sibi creditorem, creditoris sui deteriorem fecere conditionem ».[3]

Il est permis à quiconque d'aggraver la condition de ses créanciers en s'en créant de nouveaux.

1. Le colonel Douglas MORTIMER, personnage, d'un film célèbre interprété par le Lee VAN CLEEF, qui affirmait à l'attention de son débiteur : « je suis un créancier très patient. Quand le moment est venu, je me fais payer, quoiqu'il arrive ».

Bien que tirée d'un film titré : « *Western Spaghetti* », cette affirmation décrit éloquemment la situation des créanciers chirographaires à l'épreuve des procédures collectives en droit de l'Organisation pour l'Harmonisation en Afrique du Droit des Affaires : droit de l'OHADA.

2. L'Acte uniforme portant procédures collectives d'apurement du passif adopté le 10 avril 1998 et paru au journal officiel OHADA n° 7 du 1er juillet 1998 a été révisé et remplacé par le nouvel Acte adopté le 10 septembre 2015, et publié dans le journal officiel OHADA numéro

---

[3] Adage de droit romain : La législation et la jurisprudence des successions, selon le doit ancien, relatives, aux créanciers chirographaires de l'héritier, qui d'ailleurs ne se préoccupent pas du sort des créanciers chirographaires dans une procédure de succession. Cette citation législative et jurisprudentielle décrit parfaitement le comportement de la plupart des débiteurs dans les procédures collectives en droit OHADA.

spécial du 25 septembre 2015, entré en vigueur le 24 décembre 2015. Au terme de ces travaux du 40e conseil des ministres tenu à Grand-Bassam en Côte d'Ivoire[4], il était attendu une réforme logique en faveur des créanciers chirographaires à l'épreuve des procédures collectives ouvertes contre n'importe quelle entreprise en difficulté ou en état de cessation des paiements.

3. L'entreprise est considérée en difficulté, lorsqu'elle traverse une situation économique et financière difficile, irrémédiablement compromise ou non. Cette difficulté est dite sérieuse, lorsqu'il y a une impossibilité notoire de payer ces créanciers et de faire fonctionner son entreprise.

Elle est en état de cessation des paiements, lorsqu'elle se trouve dans l'impossibilité de faire face à son passif exigible et exigé avec son actif disponible, à l'exclusion des situations où les réserves de crédit ou les délais de paiement, dont le débiteur bénéficie de la part de ses créanciers lui permettant de faire face à son passif exigible[5].

4. L'entreprise, au sens de l'Acte uniforme, peut-être, des personnes physiques exerçant une activité professionnelle indépendante[6] d'une part, et des personnes morales de droit privé d'autre part, y compris les entreprises publiques revêtant la forme d'une personne morale de droit privé[7].

En droit de l'OHADA, l'entreprise a une pleine personnalité juridique, ce qui lui confère le droit de contracter avec d'autres personnes physiques ou morales

---

[4] La Côte d'Ivoire dans l'espace OHADA est considérée comme la capitale de la justice communautaire.

[5] Voir les dispositions de l'article 25 de l'AUPC du 24 décembre 2015.

[6] On fait allusion aux entreprises civiles, commerciales, artisanales ou agricoles,

[7] Voir article 1-1 al. 1 AUPC du décembre.

qui deviennent ses créanciers ou ses débiteurs. Il existe un principe essentiel en droit contractuel, selon lequel la créance est quérable[8], elle n'est pas portable. En vertu de ce principe négatif, les créanciers demandent toujours le paiement de leurs créances certaines, liquides et/ou exigibles. Lorsque ladite entreprise ne réagit pas après une pléiade de mises en demeure infructueuses, il va s'en dire qu'on doute de sa situation économique et financière. Cette situation confère le droit aux créanciers chirographaires ou ceux munis de sûretés de saisir la juridiction compétente pour ouvrir une procédure collective devant aboutir au paiement de leurs créances.

5. Les procédures collectives sont de deux ordres : les procédures préventives de conciliation et de règlement préventif et les procédures curatives de redressement judiciaire et de liquidation des biens. Elles ont pour objectif de préserver les activités économiques et les niveaux d'emplois des entreprises débitrices, de redresser rapidement les entreprises viables et de liquider les entreprises non viables dans des conditions propres à maximiser la valeur des actifs des débiteurs pour augmenter les montants recouvrés par les créanciers et d'établir un ordre précis de paiement des créances garanties ou non garanties[9].

Il importe de rappeler que l'objectif de cet ouvrage n'est pas de traiter les procédures collectives dans son champ d'études. Aussi, la notion théorique des procédures préventives et celles curatives ne seront pas distinctement abordées. L'auteur voudra ressortir le sort des créances et

---

[8] La créance est quérable et non portable suppose dans l'exercice d'un droit de recouvrement de créance, que le créancier doit réclamer sa créance à l'échéance du paiement ; et pas le débiteur de se déplacer d'aller payer le créancier.

[9] Article 1er de l'Acte uniforme 2015 portant organisation des procédures collectives d'apurement du passif.

créanciers chirographaires dans les procédures collectives, qu'elles soient préventives ou curatives devant le juge. Dans cet esprit, il abordera peu, la notion de conciliation et de règlement préventif. En revanche, il s'inspirera de la procédure contentieuse qui porte sur le redressement et la liquidation des biens du débiteur.

6. Les procédures collectives sont toujours ouvertes par un jugement d'ouverture et gouvernées principalement par deux ou plusieurs protagonistes, sans lesquels on ne peut parler de procédures collectives qui sont, les créanciers et le débiteur. Les premiers peuvent être les créanciers garantis ou privilégiés et/ou les créanciers chirographaires.

Noter que cette ouverture intervient toujours soit, sur la saisine du créancier, du débiteur ou du ministère public. Le président du tribunal rendra une décision de nomination d'un expert qui produira un concordat préventif qui peut être homologué par lui (le juge-commissaire, Président) donc va aboutir à une solution. En ce moment, la procédure prend fin à la phase préventive. En revanche, si aucune solution n'est trouvée en dépit du rapport de l'expert, le tribunal est obligé d'aller plus loin en opérant la procédure de redressement judiciaire, jusqu'à la liquidation des biens du débiteur.

Comme relever ci-haut, les procédures collectives sont toujours initiées par soient, les créanciers, le débiteur, le juge ou le ministère public.

À rappeler que parmi les acteurs de la saisine de la juridiction compétente, les créanciers sont les plus actifs. En l'occurrence, il s'agit des créanciers nommément cités dans l'AUPC.

7. Pour mieux les cerner, il serait mieux de procéder à leurs classifications, qui se présentent comme suit :

Le créancier gagiste : c'est celui bénéficiant d'un droit de gage sur un bien meuble corporel du débiteur. Le gage confère au créancier le droit de se faire payer sur la chose qui en est l'objet par privilège et préférence aux autres créanciers chirographaires ou non.

Le créancier gagiste ne peut être qu'un possesseur provisoire. Il est donc tenu à certaines obligations :

— Avant d'être payé, il doit conserver le bien gagé.

— Après avoir été payé, il doit restituer le bien gagé.

Le créancier nanti : est un créancier bénéficiant d'un droit de nantissement[10] sur les biens meubles incorporels du débiteur. Ce droit confère légitimement au créancier le privilège de se faire payer d'une manière satisfaisante sur les choses nanties.

Le créancier hypothécaire : c'est le créancier bénéficiant d'un droit d'hypothèque sur un immeuble du débiteur. Ce droit constitue une garantie lui permettant d'obtenir la remise du produit de la vente de l'immeuble sur saisie par préférence aux autres créanciers (chirographaires...). Attention, à ne pas confondre avec l'antichrèse[11].

Le créancier privilégié : créancier qui, en raison de la qualité de sa créance, sera payé avant les autres créanciers sur l'ensemble des biens du débiteur (privilège général), ou

---

[10]Le nantissement est une sûreté réelle mobilière consistant dans l'affectation d'un bien meuble incorporel à la garantie d'une obligation, cette garantie peut être conventionnelle ou judiciaire. L'affectation peut porter sur un bien meuble incorporel ou un ensemble de biens meubles incorporels, présents ou futurs.

[11] Sûreté immobilière conventionnelle avec dépossession en vertu de laquelle le créancier a le droit de jouissance et d'en percevoir les fruits à charge de les imputer sur le capital de la dette.

sur certains d'entre eux (privilèges généraux sur certains meubles ou sur certains immeubles…).

8. Comme indiqué ci-dessus, qu'ils soient créanciers gagistes, nanti, hypothécaire ou privilégié, ils ont une forte chance de se faire désintéresser d'une manière ou d'une autre dans les procédures collectives. Ils ont des garanties qui renforcent leur droit dans des procédures collectives, contrairement aux créanciers chirographaires qui sont dépourvus de toute garantie efficace leur permettant d'être payés d'une manière satisfaisante. Surtout en voyant leur rang dans la hiérarchie de paiement.

Qui sont les créanciers chirographaires en droit de l'OHADA, objet de cette étude ?

9. Le législateur communautaire OHADA n'ayant point donné une définition positive, il faut retenir que les créanciers chirographaires sont les créanciers n'ayant aucune garantie de paiement dans les procédures collectives.

Cette définition n'est pas à confondre à celle des créanciers dont les créances sont admises, provisoirement, à titre chirographaire. C'est le cas d'un créancier titulaire d'une sûreté, quelle que soit sa nature, contestée à la phase de la production ou la vérification des créances déclarées. C'est ce qui résulte des dispositions de l'article 86 al.2 de l'AUPC.

10. *A contrario*, le dictionnaire de l'OHADA donne une définition éloquente à ce sujet.

« Un créancier chirographaire est un créancier simple, c'est-à-dire ne disposant d'aucune garantie particulière (gage, nantissement, hypothèque privilège…) lui permettant d'être payé avant les autres créanciers sur le prix de vente des biens de son débiteur. Il dispose seulement, comme garantie du paiement de sa créance, l'ensemble des biens actuels et à venir de son débiteur »[12]. En clair, le patrimoine de son débiteur constitue son gage général.

11. Les Actes uniformes combinés : celui portant organisation des procédures collectives d'apurement du passif (AUPC), celui portant organisation des sûretés (AUS), et celui relatif aux procédures simplifiées de recouvrement de créances et des voies d'exécution (AUVE)[13] ne sont pas en faveur des créanciers chirographaires, surtout au moment du partage des deniers du débiteur en état de cessation des paiements[14]. C'est ce qui ressort en filigranes des dispositions des articles 224 à 226 AUS et articles 166 et 167 AUPC et des dispositions des articles 324, 325, 326 du nouveau code du recouvrement et voies d'exécution de 2023, anciennement des dispositions des articles 324 à 334 de l'Acte uniforme portant organisation des procédures simplifiées de recouvrement et voies d'exécution (AUPSRVE).

Par-delà de ces renvois, il est important de rappeler le rang qu'occupent les créanciers chirographaires dans la distribution des prix.

Sur la question, l'AUS indique qu'en matière immobilière, les créanciers chirographaires occupent le 6e et dernier rang dans le partage des deniers du débiteur article 225 AUS.

---

[12]Dictionnaire de Droit OHADA : Hilarion Alain BITSAMANA ; Maître en Droit privé : Chargé de cours à L'ESC, ISCOM éd. Pointe-Noire, le 29 mai 2003.

[13] N'diaw Diouf: *recouvrement des créances et voies d'exécution,* éd. 2002 POUGOUE (P.-G.), Encyclopédie du droit OHADA, Lamy.

[14] A la phase de la collocation, les Actes uniformes cité-plus haut, placent les créanciers chirographaires dans une situation faisant en sorte qu'ils ne peuvent pas être payés avant les créanciers indiqués aux arts. 324 à 334 AU/VE, art. 224 à 226 AU/S et art. 166 et 167 AU/PC.

Quand il s'agit de la distribution des deniers provenant de la réalisation des meubles, ils occupent le 7e rang (article 226 AUS).

Concernant la même préoccupation de distribution, l'AUPC s'est prononcé de façon lapidaire dans son article 166, en accordant le 7e rang aux créanciers chirographaires munis d'un titre exécutoire et le 8e rang aux créanciers chirographaires non munis d'un titre exécutoire en matière mobilière.

Dans la même logique, il impose aux créanciers chirographaires les derniers rangs en matière immobilière. Selon l'article 167 AUPC, les créanciers chirographaires munis d'un titre exécutoire occupent le 9e rang, et ceux non munis d'un titre exécutoire occupent le 10e rang.

Ces classements sont applicables à toutes les distributions des créances des procédures collectives. C'est-à-dire, que la créance chirographaire, soit née avant ou après le jugement d'ouverture de la procédure collective, le créancier chirographaire aura toujours des difficultés à être payé.

12. Voyant tous ces classements qui créent les conditions de risques de non-paiement auxquels les créanciers chirographaires sont exposés dans les procédures collectives, Guyon Y. affirme ceci : « *les créanciers chirographaires sont misérables, fantassins par rapport aux créanciers munis de sûreté*. »[15]

Cette affirmation de Guyon s'est valorisée dans l'affaire de l'HUICOMA au Mali-BAMAKO. Les recherches menées auprès des créanciers chirographaires de cette

---

[15] Guyon Y., Droit commercial *(règlement judiciaire, liquidation des biens, suspension provisoire des poursuites, faillite),* les Cours de Droit 1978-1979 page 75. rapporté par Filiga Sawadogo.

entreprise d'Huilerie Cotonnière du Mali[16], prouvent que les créanciers chirographaires ne sont pas encore payés. Dans le rang des créanciers en général, il y a eu plus de vingt (20) divorces pour le moment selon le témoignage d'une victime. C'est le même cas de non-paiement des créanciers chirographaires dans l'affaire de SONATAM, (la Société Nationale du Tabac et Allumette du Mali, au Cameroun et RD Congo).

S'agissant de quelques situations au SÉNÉGAL, jusqu'en 2017, les créanciers chirographaires de l'EURAFRICAINE d'INDUSTRIE ne sont pas encore en possession de leur dû ; ceux de NSTS (Nouvelle Société Textile Sénégalaise) ; et même la CAFAL (Compagnie Africaine des Allumettes) à Dakar route de Rufisque d'Allumettes.

En GUINÉE, les créanciers chirographaires de BADAM (Banque Africaine pour le Développement Agricole et Minier)[17], sont encore abandonnés sans suite.

Concernant la SOTELGUI (Société de Télécommunication en Guinée)[18], depuis plus de cinq (5) ans ses créanciers chirographaires ne reçoivent absolument rien comme paiement.

Il y a également l'affaire de l'ENTREPRISE SARL KC INVESTOR COMPAGNIE, qui a pour objet social, l'achat et la vente des bourses sur internet. Elle évolue à l'image de KC INVESTOR en Hollande. Elle est installée en Guinée

[16]Entreprise évoluant dans la transformation des cotons en produit fini, installée à Koulikoro Bamako centre, à Kita, et à Koutiala dans la République du Mali.

[17]Installée, sur indication, à Almamya, dans la commune de Kaloum/ Conakry 1.

[18]Sise à Madina-Boussoura/ Conakry, et dans plusieurs autres villes du pays.

(quartier Cimenterie).[19] Dans cette procédure il y a huit cents (800) créanciers chirographaires qui attendent d'être payés, mais, en vain.

13. Il arrive souvent que le créancier chirographaire diligente la procédure collective après avoir constaté que le débiteur traverse une situation économique difficile, en ignorant très certainement qu'il n'est pas l'unique créancier, donc, qu'il y en a d'autres bénéficiant des garanties.

Cette procédure collective peut suivre son cours normal jusqu'au prononcé du jugement d'ouverture, à l'occasion duquel les créanciers gagistes, privilégiés, hypothécaires et nantis, viendront déclarer leurs créances. Ces créances seront déclarées admises dans la masse des créances ; et la loi leur confère le droit d'être payés avant le créancier chirographaire qui a initié la procédure dans le respect de la loi.

14. Cela constitue un désavantage avéré des créanciers chirographaires dans les procédures collectives. Donc, il faut redorer le blason à ce niveau pour rétablir l'équilibre entre les créanciers chirographaires et garantis. C'est là le socle de cette étude, et c'est en cela que le thème est sensible. Il est essentiel de suggérer au législateur OHADA des règles efficaces et efficientes devant régir les créanciers chirographaires dans ces procédures.

15. Certes, les Actes uniformes organisant les Sûretés, les voies d'exécution et les procédures collectives sont quasiment faits en faveur des créanciers en général, mais il faut le rappeler parce qu'il est important, qu'en leur état actuel, ils sont loin d'être favorables aux créanciers

[19] E/se SARL KC Investor Compagnie, est une entreprise virtuelle en guinée, elle n'y est pas immatriculée. Et tous ses Créanciers sont Chirographaires.

chirographaires en particulier. Pour preuve, leur situation reste très préoccupante, car, le nouvel Acte uniforme de l'AUPC ne consacre aucune disposition tendant à améliorer leur sort dans lesdites procédures collectives. Néanmoins, ils ont des droits et des obligations qui seront développés au cours de cette étude.

16. Il y a des procédures collectives où les créanciers chirographaires ont des créances plus importantes que celles de beaucoup de créanciers garantis, c'est le cas des structures bancaires qui sont en état de cessation des paiements, mais en dépit de tout cela, les droits des créanciers chirographaires restent toujours considérés comme des sous-droits, et ils sont dans des situations fragiles par rapport aux créanciers garantis.

Au regard de ce rapport entre les créanciers chirographaires et garantis, on est tenté d'affirmer que les créanciers chirographaires sont lésés dans les procédures collectives. Alors comment peut-on améliorer leur situation en droit de l'OHADA ?

17. On ne peut aller dans une dynamique de proposition de règles efficaces, sans aborder et analyser tout d'abord les droits reconnus aux créanciers chirographaires et les obligations qui leur sont imposées par l'AUPC. Ainsi, se pose donc la question de savoir, comment les créanciers chirographaires doivent être traités à l'égard des créanciers munis de sûretés ?

18. À la lecture du nouvel Acte uniforme portant organisation des procédures collectives d'apurement du passif, avec la problématique en toile de fond, il est possible d'affirmer que les créanciers chirographaires ont bien des droits et obligations qui leur permettent d'être des concurrents des créanciers garantis ou privilégiés. Cette concurrence s'étend sur toutes les phases des procédures collectives. En clair, les créanciers chirographaires peuvent concurrencer les créanciers garantis avant et après le jugement d'ouverture de la procédure collective.

19. Finalement, l'on peut étudier la notion des créanciers chirographaires à l'épreuve des procédures collectives en abordant, d'une part, les créanciers chirographaires antérieurs au jugement d'ouverture de la procédure collective (première partie), et d'autre part, les créanciers chirographaires postérieurs au jugement d'ouverture de la procédure collective (seconde partie).

PREMIÈRE PARTIE

Les créanciers chirographaires antérieurs au jugement d'ouverture de la procédure collective

20. Il est évident que les procédures collectives sont initiées principalement pour proposer une solution amiable ou judiciaire aux différends qui opposent les créanciers à l'entreprise débitrice. Il peut être déduit des articles 2 et 28 de l'Acte uniforme portant organisation des procédures collectives d'apurement du passif que, les créanciers sont des acteurs incontournables des procédures collectives en droit de l'OHADA. Parmi ces créanciers, il y a les créanciers chirographaires.

21. Les dispositions mentionnées ci-avant octroient aux créanciers chirographaires le droit d'agir individuellement en cas de non-paiement ou de retard de paiement de leurs créances.

Ils peuvent donc saisir la juridiction compétente d'une demande en redressement judiciaire ou en liquidation des biens du débiteur en cessation des biens (chapitre premier). Cette faculté donne aux créanciers chirographaires le moyen d'exprimer leur inquiétude sur des faits qu'ils considèrent comme particulièrement préoccupants pour l'avenir de l'entreprise. Certes, ils ont le droit d'engager les procédures collectives, et la juridiction compétente a l'obligation de rendre une décision. Cette décision peut être satisfaisante aux créanciers chirographaires tout comme elle peut ne pas l'être. C'est ce qui dénote des risques judiciaires susceptibles de léser les créanciers chirographaires. Pour éviter ce genre de situations, il est mis à la disposition des créanciers chirographaires au même titre que les autres créanciers garantis, des voies de recours pouvant leur permettre d'avoir gain de cause après la première et/ou la deuxième décision judiciaire (chapitre deuxième).

CHAPITRE I :
LA SAISINE DE LA JURIDICTION SUR ASSIGNATION DU CRÉANCIER CHIROGRAPHAIRE ANTÉRIEUR

22. L'Acte uniforme portant organisation des procédures collectives (AUPC) donne la possibilité aux créanciers chirographaires antérieurs d'intervenir dans les procédures collectives.

23. Tout d'abord, la possibilité d'intervention des créanciers chirographaires en tant que créanciers de l'entreprise résulte des dispositions de l'article 28 qui dispose que *« la procédure de redressement judiciaire ou de liquidation des biens peut être ouverte à la demande d'un créancier, quelle que soit la nature de sa créance, à condition qu'elle soit certaine, liquide et exigible. »*

24. Le créancier chirographaire antérieur peut également ouvrir le règlement préventif tout comme le règlement préventif simplifié par une requête conjointe avec celle du débiteur[20], déposé au greffe contre récépissé.

25. Le créancier chirographaire antérieur pour saisir la juridiction compétente doit s'assurer que certaines conditions sont réunies notamment : la condition juridique, qui se rattache à la qualité du justiciable. Selon l'AUPC les procédures collectives sont notamment applicables à toutes

[20] Voir les dispositions de l'article 6 de l'Acte uniforme portant procédures collectives d'apurement du passif.

les personnes ayant la qualité de commerçant ou celles exerçant les activités professionnelles[21].

26. Est commerçant, aux termes de 2 de l'Acte uniforme portant droit commercial général (AUDCG), *« celui qui fait de l'accomplissement d'actes de commerce par nature sa profession. »*

Selon cet article, peut être commerçante, toute personne physique ou morale. À noter que la non-immatriculation n'empêche pas la soumission aux procédures collectives, car ce serait primer ceux qui violent la loi que de leur permettre d'y échapper. Il en est de même pour les personnes frappées d'interdictions et des incompatibilités d'exercer ces professions. Par exemple, l'exercice d'une activité professionnelle habituelle par un député ou par un fonctionnaire ne constitue pas un obstacle à l'ouverture des procédures collectives.

27. Quant au conjoint d'un commerçant, certainement dans le but de protéger le « patrimoine familial », il n'aura la qualité de commerçant que « s'il accomplit les actes visés aux articles 3 et 4 » de l'AUDCG, à titre de profession habituelle et séparément de ceux de son époux (article**7**).

Le débiteur décédé en état de cessation des paiements peut être soumis aux procédures collectives dans le délai de trois (3) mois à compter du décès[22]. Le débiteur effectivement retiré du commerce peut faire l'objet d'une procédure collective dans le délai d'un (1) mois suivant la publication de son retrait au RCCM (on dit d'un tel débiteur

---

[21] Voir les dispositions de l'article 1 alinéa 1 de l'AUDSG-GIE.

[22] Voir les dispositions de l'article 55 alinéa 2 de l'Acte uniforme relatif au droit des Sociétés commerciales et du groupement d'intérêts économiques.

qu'il est radié du registre du commerce et du crédit mobilier)[23].

28. Pour les personnes morales, l'AUPC retient d'abord les personnes morales commerçantes : sociétés commerciales par la forme (SA, SARL, SNC, SCS, SAS) et toute société ou personne morale ayant la qualité de commerçant (question qui a perdu de son importance au regard du second volet). Car, on cite les sociétés coopératives et groupements pré-coopératifs, les associations et ONG, GIE et toute entreprise publique ayant la forme d'une personne morale du droit privé.

Cette condition juridique est complétée par celle économique, à savoir l'état de cessation de paiement. Elle est une notion importante pour l'ouverture des procédures collectives.

La procédure de redressement judiciaire ou de liquidation des biens est ouverte contre tout débiteur en état de cessation des paiements.

29. La cessation des paiements *ouverte* se traduit par l'arrêt matériel du service de caisse. Autrement dit la cessation des paiements est l'état où le débiteur se trouve dans l'impossibilité de faire face à son passif exigible et exigé avec son actif disponible, à l'exclusion des situations où les réserves de crédit ou les délais de paiement, dont le débiteur bénéficie de la part de ses créanciers lui permettant de faire face à son passif exigible[24]. C'est le non-paiement d'une ou de plusieurs dettes certaines, liquides, exigibles, de nature commerciale ou civile, et qui sert à ouvrir les procédures collectives. Quant à la cessation des paiements *déguisée,* elle se traduit par l'utilisation de moyens frauduleux, ruineux ou factices, en d'autres termes la gêne

[23] Selon les dispositions de l'article 55 alinéa 1er de l'AUDSC.
[24] Voir l'article 25 alinéa 2 de l'AUPC du 24 décembre 2015.

financière, et qui sert à reporter dans le temps la cessation des paiements.

30. Il est important de rappeler que la cessation des paiements est différente de l'insolvabilité, qui est caractérisée par le fait que l'actif total est inférieur au passif total. Dans les faits cependant, il arrive fréquemment que la cessation des paiements recouvre une véritable insolvabilité, ce qui rend difficile le redressement de l'entreprise et le paiement des créanciers.

31. Enfin, pour que le créancier chirographaire antérieur saisisse la juridiction compétente, il faut l'existence d'un autre critère qui parait satisfaisant et qui pourrait être substitué à la cessation des paiements, c'est celui de l'existence de faits de nature à compromettre la continuité de l'exploitation. L'on signale que c'est le critère retenu pour l'alerte aussi bien dans l'AUDSC[25] qu'en France, quant aux procédures collectives on parle du règlement préventif.

32. Le critère de la cessation des paiements se défend avec de bons arguments s'il est interprété avec un certain élargissement de la notion et si les juridictions nationales compétentes, à l'instar des tribunaux de commerce belges, se dotent d'un service des enquêtes commerciales permettant une information rapide et l'accélération de l'ouverture des procédures collectives par un jugement[26]. Ce jugement doit être fait par la juridiction dans le ressort de laquelle le débiteur personne physique a son principal établissement ou la personne morale a son siège social ou,

---

[25]AUDSC (Acte uniforme relatif au droit des Sociétés commerciales).

[26]Duplat J.L., Les services des enquêtes commerciales des tribunaux de commerce, in *« L'entreprise en difficulté », Editions* du Jeune Barreau, 1981, p.45 à 76.

à défaut, son principal établissement ou, à défaut, son principal centre d'exploitation.

33. Seule la juridiction compétente peut choisir la procédure appropriée entre le redressement judiciaire et la liquidation des biens. À noter que ces deux procédures produisent des effets de droit à l'égard des créanciers chirographaires antérieurs saisissant (section I), qui disposent d'un droit, en ce qui concerne le pouvoir de contrôler le déroulement des procédures ouvertes et d'y contester toutes mesures qu'ils jugent inappropriées (section II).

Section I : Les effets de la décision d'ouverture de la procédure collective à l'égard du créancier chirographaire antérieur

34. La saisine de la juridiction compétente, dans le cadre des procédures collectives, par le créancier chirographaire antérieur est un droit essentiel, sous réserve que les conditions énumérées ci-avant soient réunies. Ces conditions doivent être complétées par celles indiquées à l'article 9 du code de procédure civile, économique et administrative de Guinée, qui dispose que *« quatre conditions sont nécessaires pour pouvoir intenter une action en justice. À savoir, le droit, l'intérêt, qu'il soit pécuniaire ou moral, la qualité, c'est-à-dire le titre juridique nécessaire pour pouvoir figurer dans une procédure et la capacité d'agir en justice. »*

35. Il faut préciser que, la demande de redressement ou de liquidation peut être déposée par le créancier chirographaire antérieur tout comme par ses ayants causes universels ou à titre universel.

Une fois que la juridiction compétente est saisie, le greffier en chef doit enregistrer la demande en informant le juge, puis établir un rôle d'audience. Alors, le juge sera obligé de statuer sous peine de déni de justice, selon les dispositions de l'article 10 du Code civil de 2019, l'article 202 du Code pénal guinéen et l'article 668 du code de procédure civile économique et administrative (CPCEA) de la République de Guinée. Sous cette triple contrainte, le juge commercial est obligé de rendre une décision. S'il se prononce en faveur de l'ouverture de la procédure collective, celle-ci s'impose aux parties, et produira des effets juridiques à leur égard.

Parmi ces effets, il y a l'obligation de constituer une masse des créanciers (paragraphe I), et l'obligation de produire leurs créances (paragraphe II).

Paragraphe I : La constitution de la masse des créanciers antérieurs

36. En droit commun, il est anciennement reconnu aux créanciers le droit de poursuivre individuellement leurs débiteurs déclarés en déconfiture ou en difficulté pour le paiement de leurs créances. Mais, avec la modernisation d'un droit harmonisé dans l'espace OHADA, on n'admet plus cette forme de poursuite selon l'Acte uniforme portant organisation des procédures collectives d'apurement du passif entré en vigueur depuis 1998 révisé en 2015. Il appartient désormais à cet Acte de dégager les modalités d'exercice d'une action en paiement en cas de difficultés avérées au sein d'une entreprise par une juridiction compétente.

37. Certes, l'Acte uniforme portant organisation des procédures collectives d'apurement du passif s'est enrichi au fond, mais il devrait prévoir distinctement les textes qui régissent le statut des créanciers. Puisque la question reste à savoir si l'Acte uniforme portant procédures collectives en sa forme actuelle appliquée à la procédure dans laquelle les créanciers chirographaires et garantis sont concurrents, doit s'appliquer à la procédure dans laquelle les créanciers chirographaires sont seuls des concurrents ?

38. Pour le moment il est de principe que, l'Acte uniforme portant procédures collectives d'apurement du passif s'applique à toutes ces deux procédures. Le législateur est parti de l'idée de la masse des créanciers ; c'est-à-dire qu'ils soient tous des créanciers chirographaires ou avec des créanciers garantis, ils doivent se constituer en masse de créanciers[27]. Cette masse est dotée de la personnalité juridique[28].Cette démarche législative a des avantages, notamment la facilitation de la tâche au juge d'examiner l'ensemble des droits des créanciers inscrits sur la liste d'une part, et d'autre part, éviter que chaque créancier vienne individuellement saisir la justice à ses propres frais et pour sa propre cause.

Il est donc important de cerner tout d'abord la notion de la masse des créanciers (A), puis faire une analyse de cette notion de masse selon qu'il s'agisse des créanciers chirographaires antérieurs ou des créanciers chirographaires antérieurs et garanties (B).

---

[27] PUTMAN (E.), *La formation des créances*, Thèse Aix-Marseille III, 1987.

[28] Il est de principe que la personnalité juridique ne s'acquiert qu'à l'immatriculation. Exceptionnellement dans les procédures collectives, une fois que la liste des créanciers est établie et reconnue par la juridiction compétente, il y a de facto création d'un groupe ayant la personnalité juridique.

A- La notion de masse des créanciers antérieurs

39. La masse est constituée par tous les créanciers dont la créance est antérieure à la décision d'ouverture, même si l'exigibilité de cette créance était fixée à une date postérieure à cette décision à condition que cette créance ne soit pas inopposable en vertu des articles 68 et 69 de l'AUPC.

40. Le terme de masse constitue une représentativité des créanciers ayant des intérêts en commun ou des droits identiques. Cette représentativité doit être faite par un ou trois syndics au maximum. Ils doivent être désignés par le juge dans sa décision fixant la date d'ouverture de la procédure collective. À titre d'illustration, on peut citer la masse des créanciers de SOTELGUI représentée par les syndics, Me. Séréba Mory Kanté (avocat au Barreau de Guinée), M. Alpha Kabiné Cissé (expert-comptable) et M. Bachir Touré (expert-comptable).

41. Le code de commerce, la doctrine et la jurisprudence du milieu et de la fin du 19^{ème}siècle faisaient déjà usage du terme de « masse des créanciers » en général. En l'espèce, il est question des créanciers chirographaires dans la masse.

42. En tenant compte de la condition de la capacité d'agir en justice, la masse doit avoir une personnalité morale. S'agissant de cette personnalité juridique, le Professeur Thaler affirmait avec force déjà en 1922 que *« la masse, le noyau des créanciers groupés afin de liquider le gage commun, forme une véritable personne morale tenue des* *engagements du syndic »*[29]. En tournant le regard vers la jurisprudence française qui a, de façon régulière, proclamé aussi la notion de personnalité juridique de la masse à partir de 1956 dans l'arrêt de principe de la Cour de cassation, rendu à propos des comités d'établissement : *« la personnalité morale n'est pas une création de la loi, elle appartient en principe à tout groupement pourvu d'une possibilité d'expression collective pour la défense d'intérêts licites, dignes, par suite, d'être juridiquement reconnus et protégés. »*

43. L'Acte uniforme portant organisation des procédures collectives d'apurement du passif complète la jurisprudence française, la thèse doctrinale et le code du commerce cité plus haut à la fin du 19e siècle, en ces termes, *« la décision d'ouverture constitue les créanciers en une masse représentée selon les cas, soit par le conciliateur, soit par le syndic... qui, seul, agit en son nom et dans l'intérêt collectif et peut l'engager ».*

La précision de la notion de masse des créanciers est impérative, mais sa constitution n'est pas sans effet.

1- L'arrêt du cours des intérêts à l'égard de la masse

44. L'arrêt du cours des intérêts se rapporte aux intérêts moratoires. Plus simplement, dans la plupart des contrats conclus dans le monde des affaires, les parties y prennent soin de stipuler une clause portant sur la pénalité de retard. En vertu de cette clause, les créanciers percevront un montant correspondant à celui prévu dans la clause en cas de retard de paiement de la somme due et exigible. En principe, les créanciers chirographaires antérieurs exercent

---

[29]Emmanuel Thaler E, par Percerou, op. cit., n°1701, cité par Filiga Sawadogo, Programme d'Appui à l'OHADA (*session de formation des formateurs magistrats*),module III, du 18 au 30 mai 2001, p. 59

le même droit et subissent le même sort que les créanciers garantis à ce stade, à savoir l'arrêt du cours des intérêts, quelle que soit la valeur, la nature et la date de la créance. Tous les créanciers, sans exception, doivent se soumettre à la décision du tribunal arrêtant le cours des intérêts.

42. Cet argument est corroboré par les dispositions de l'article 77 alinéa 1 de l'Acte uniforme portant organisation des procédures collectives d'apurement du passif, qui dispose que *« la décision d'ouverture du redressement judiciaire ou de la liquidation des biens arrête, à l'égard de la masse seulement, le cours des intérêts légaux et conventionnels, de tous intérêts et majorations de retard de toutes les créances, qu'elles soient ou non garanties par sûretés. Toutefois, s'agissant d'intérêts résultant de contrats de prêt conclu pour une durée égale ou supérieure à un (1) an ou de contrat assorti d'un paiement différé d'un (1) an ou plus ; le cours des intérêts se poursuit durant la procédure de redressement judiciaire. »* À préciser que les intérêts doivent être produits au même titre que les créances chirographaires antérieures.

2- La suspension des poursuites individuelles

43. La suspension des poursuites individuelles[30] est la conséquence de l'ouverture de la procédure collective qui s'impose à tous les créanciers chirographaires antérieurs et garantis. Les créanciers munis de sûretés ne doivent pas se prévaloir de leur rang pour engager une poursuite en paiement contre le débiteur au détriment des créanciers chirographaires. Ces derniers ont un droit intangible de s'opposer à toute action, non autorisée par l'Acte uniforme

---

[30]DERRIDA (F.), *intérêt collectif et intérêts individuels des créanciers dans les procédures collectives de redressement ou de liquidation judiciaires*, Mélanges
Barthélemy MERCADAL.

relatif aux procédures collectives engagées par les créanciers munis de sûretés.

44. Il résulte des dispositions de l'article 75 de l'AUPC que la décision d'ouverture du redressement judiciaire ou de la liquidation des biens interrompt ou interdit toute action en justice de la part de tous les créanciers composant la masse, qui tend :

1° à la condamnation du débiteur au paiement d'une somme d'argent.

2° à la résolution d'un contrat pour défaut de paiement d'une somme d'argent.

La décision d'ouverture arrête ou interdit également toutes procédures d'exécution de la part de ces créanciers tant sur les meubles que sur les immeubles ainsi que toutes procédures de distribution n'ayant pas produit effet.

45. Les délais impartis aux créanciers à peine de déchéance ; prescription ou résolution de leur droit sont en conséquence suspendus pendant toute la durée de la suspension des poursuites elles-mêmes.

Les instances en cours sont interrompues jusqu'à ce que le créancier poursuivant ait produit sa créance. Elles sont alors reprises de plein droit. Le syndic dûment appelé, mais tendent uniquement à la constatation des créances et à la fixation de leur montant et intérêt.

Les actions en justice et les procédures d'exécution autres que celles visées ci-dessus ne peuvent plus être exercées ou poursuivies au-delà de la procédure de redressement judiciaire ou de liquidation des biens qu'à l'encontre du débiteur ; assisté du syndic en cas de redressement judiciaires ou représenté par le syndic en cas de liquidation des biens »

46. Une célèbre jurisprudence rendue par la Cour Commune de Justice et d'Arbitrage (CCJA) **OHADA** sur la question. Il ressort de l'attendu phare de cette jurisprudence (…) « *qu'à compter de l'ouverture de la procédure, toutes les poursuites contre la société en redressement sont suspendues et seul le juge-commissaire a compétence pour trancher toute difficulté, du moment que la loi n'a pas attribué compétence à un autre*[31]… » Il faut préciser que cet arrêt a été rendu dans l'affaire qui opposait les Banque Gabonaise et Française International dite BGFIBANK à la Société de la Haute MONDA dite SHM, représentée par M. EDO Rufin Dubernard, Syndic, JURIDATA Numéro J010-03/2013.

47. Le Professeur Filiga ajoute que *« Peu importe que l'action soit engagée avant le jugement d'ouverture ou soit introduite depuis lors ou qu'il s'agisse d'une demande en paiement ou de l'exercice d'une voie d'exécution, pourvu qu'elle n'ait pas encore produit son effet juridique principal »*[32].

48. Alors, il faut reconnaitre que la suspension des poursuites individuelles est un principe des procédures collectives, mais il y a des poursuites exceptionnelles qui peuvent être exercées par les créanciers chirographaires antérieurs. Parmi ces exceptions, on pourra noter celles qui sont indiquées par les textes, en l'occurrence les dispositions de l'article 75 de l'Acte uniforme relatif aux procédures collectives et des articles 72 et 1221 du nouveau Code civil de 2019 guinéen qui correspondent aux dispositions de l'article 679 de l'ancien Code civil guinéen,

---

[31]Jurisprudence de la CCJA rendue dans l'affaire sis visée sous le visa des dispositions de l'article 40 AUPC.

[32] Pr. Filiga Michel Sawadogo, (*Programme de formation en ligne avec le soutien du fonds Francophone des inforoutes*), éd. 2003 ; P. 39

à savoir l'action oblique et l'action paulienne qui seront examinées au second chapitre de cette partie.

3- L'exigibilité des créances à terme ou de la déchéance du terme

49. L'exigibilité des créances concerne tous les créanciers, chirographaires ou non. Il faudra que la créance qui est déclarée contre le débiteur soit échu c'est-à-dire la date convenue pour le paiement doit être arrivée au moins ou dépassée dans un temps raisonnable[33].

Il faut préciser tout de suite que cette première règle est en partie abandonnée. Classiquement, l'exigibilité des créances à terme était considérée comme une consolation efflanquée pour les créanciers qui subissent de nombreux désagréments à compter du jugement d'ouverture. Désormais, la décision d'ouverture rend exigibles les dettes non échues en cas de liquidation des biens et à l'égard du débiteur seulement (Article 76 AUPC)[34].

50. L'effet relatif à l'égard des créanciers chirographaires antérieurs et le débiteur résulte du fait que la première hypothèse pose une condition, c'est-à-dire, il faut que la dette soit exigible pour que le titulaire puisse faire partie de la masse des créanciers. Tandis que la seconde hypothèse enseigne qu'il suffit que le créancier chirographaire antérieur soit dans la masse des créanciers de liquidation des biens, pour que sa créance soit exigible

---

[33] Le temps raisonnable suppose d'observer scrupuleusement les contours législatifs pour éviter que sa créance soit prescrite aux yeux de la loi.

[34]Art. 76 du nouvel Acte uniforme portant procédures collectives d'apurement du passif, dans le n° spécial du 25 sept. 2015 de L'OHADA. L'Acte uniforme nous enseigne que le jugement d'ouverture de la liquidation des biens rend de facto toutes les créances exigibles. C'est une forme d'anticipation de la date d'exigibilité dans le paiement des dettes réclamées.

d'office. C'est la décision d'ouverture de la procédure de liquidation qui rend la dette exigible. Cet effet est en faveur du créancier chirographaire antérieur et au détriment du débiteur.

B- Analyse de la situation

51. L'égalité des créanciers constitue une règle spéciale au regard du principe général d'égalité civile. Il faut noter que les biens du débiteur constituent le gage commun de ses créanciers et le prix s'en distribue entre eux par contribution, à moins qu'il n'y ait entre les créanciers des causes légitimes de préférence. Ces dérogations portent le nom de privilèges et hypothèques.

52. Dès le début du vingtième siècle, la Cour de cassation a reconnu à la règle d'égalité entre les créanciers antérieurs un caractère d'ordre public qui interdisait toute clause pouvant favoriser l'un d'eux[35]. Dans un arrêt rendu le 19 avril 1985 (Bull. n° 120), la chambre commerciale faisait encore expressément référence à "la règle d'ordre public d'égalité des créanciers", mais cette décision était rendue sous l'empire des dispositions de la loi du 13 juillet 1967. La règle d'égalité entre les créanciers a connu aussi sa pleine consécration lorsque la Cour de cassation a reconnu la personnalité morale à la masse des créanciers[36]. La masse est en effet une institution collective fonctionnant comme un mécanisme égalitaire.

53. Mais plus de deux cents (200) ans après la promulgation du Code de commerce, et presque vingt (20) ans de l'Acte uniforme portant organisation des procédures collectives d'apurement du passif, il convient de

---

[35]Cass. Req, 13 juillet 1910, Journ. Faill. p 385.
[36]Com. 17 janvier 1956, Bull. n° 27.

s'interroger sur la règle d'égalité entre les créanciers au cœur du droit positif et spécialement du droit des procédures collectives.

54. Il est significatif de constater que l'expression "égalité des créanciers" ne figure nulle part dans le texte de l'Acte uniforme du 24 décembre 2015. Ce qui explique que les créanciers ne sont jamais traités d'une manière égalitaire dans les procédures collectives. Donc, il faut apporter une analyse sur la situation selon qu'il s'agisse des créanciers chirographaires antérieurs en concurrence ou des créanciers chirographaires antérieurs en concurrence avec les créanciers garantis dans les procédures collectives.

1- L'analyse sur la masse des créanciers : chirographaires et garantis dans la masse

55. L'union ou la masse des créanciers suppose l'abandon des armes individuelles contre le débiteur. Il faut préciser que dans cette masse, on retrouve tous les créanciers antérieurs, notamment : les créanciers nantis, gagistes, hypothécaires, chirographaires, privilégiés, superprivilégiés, etc. La composition de la masse des créanciers dépend de la nature des créances et du statut des créanciers. Cette catégorie de masse est la plus récurrente dans des procédures collectives ouvertes en droit de l'OHADA. À titre illustratif on peut citer la masse des créanciers de SOTELGUI, de l'HUICOMA, etc.

56. Peu importe que la saisine du tribunal soit faite par un créancier chirographaire ou par un créancier du premier rang, l'effet précaire sera l'égalité supposée entre créanciers dans la masse.

Le créancier saisissant peut engager la procédure à ses propres frais bien avant que les autres créanciers ne viennent se joindre à lui. Si tel est le cas, les autres créanciers antérieurs et postérieurs au jugement d'ouverture de la procédure doivent supporter les frais de la procédure avec le créancier saisissant le plus diligent. En tout cas, l'Acte uniforme indique qu'en matière de collocation, les frais et dépens de la procédure sont payés avant les créanciers inscrits sur la liste.

57. La garantie du principe d'égalité[37] interne entre créanciers dans les procédures collectives serait une avancée législative communautaire. Il ressort de la lecture de l'Acte uniforme portant organisation des procédures collectives d'apurement du passif que, les créanciers ont le même statut de créancier, mais, ils n'ont pas le même le droit, donc ne sont pas égaux.

Suivant cette différentiation posée par la loi, les créanciers garantis ont souvent tendance à dissimuler certaines choses dans les procédures. Pour éviter ce genre de comportement, il faut prévoir des sanctions.

C'est le cas des créanciers garantis qui entameront des poursuites individuelles parallèlement à celle de la masse.

Si la poursuite est de mauvaise foi, elle sera qualifiée de trahison ou elle peut équivaloir à la renonciation à la procédure collective. Dans cette dernière hypothèse, le créancier renonciateur peut opter pour la voie ordinaire. C'est-à-dire la demande de paiement en droit commun.

58. Celui qui sera reconnu coupable de trahison doit perdre son rang de paiement. S'il était muni de sûreté, il viendra désormais après le créancier chirographaire antérieur.

Celui qui sera déclaré renonciateur à la procédure est expulsé de plein droit de la masse. Toutes ces situations peuvent profiter aux créanciers chirographaires antérieurs dans les procédures collectives.

---

[37]CABRILLAC (M.), *Les ambigüités de l'égalité entre les créanciers*, Mélanges.
BRETON DERRIDA, D. 1991, p.31.

59. Il faut également que cette égalité entre les créanciers puisse produire un effet permettant à tous les créanciers chirographaires antérieurs inscrits de percevoir un montant sur le patrimoine du débiteur.

Malheureusement, la législation communautaire n'indique pas clairement que les créanciers chirographaires et garantis sont égaux dans les procédures collectives.

Elle tente d'établir l'égalité entre les créanciers chirographaires et garantis sur certains points, notamment ceux relatifs à la suspension du cours des intérêts légaux et conventionnels.

60. Mais en réalité, l'Acte uniforme relatif aux procédures collectives ne règle cette question que pendant la première phase des procédures, c'est-à-dire l'instance de la phase antérieure au jugement d'ouverture. Pourtant il y a des procédures collectives qui n'aboutissent pas à la satisfaction de tous les créanciers. La question se posera de savoir si cette égalité peut s'étendre aux créanciers chirographaires postérieurs au jugement d'ouverture ?

61. La réponse à cette question est négative[38]. Lorsque la procédure est close pour l'insuffisance d'actif, l'Acte uniforme relatif aux procédures collectives indique que l'union ou la masse des créanciers est dissoute, d'ailleurs cette dissolution est de plein droit et les créanciers chirographaires et garantis recouvrent l'exercice de leurs droits, uniquement sur les actifs du débiteur qui n'ont pas pu être réalisés durant la liquidation des biens.

62. Le législateur soutient dans les dispositions de l'article 170 de l'AUPC que lorsque les opérations de liquidation des biens sont terminées, et en tout cas à l'expiration du délai de l'article 33 alinéa 3, même si les

---

[38] Voir la seconde partie du mémoire.

actifs n'ont pas été entièrement réalisés, le syndic, le débiteur présents ou dûment appelé par le greffier par lettre au porteur contre récépissé ou par lettre recommandée avec demande d'avis de réception ou par tout moyen laissant trace écrite, rend ses comptes au juge-commissaire qui, par procès-verbal, constate la fin des opérations de liquidation.

63. Le procès-verbal est communiqué à la juridiction compétente qui prononce la clôture de la liquidation des biens et tranche, par la même occasion, les contestations des comptes du syndic par le débiteur ou les créanciers chirographaires.

C'est la clôture de la liquidation des biens qui coïncide à la clôture de l'union des créanciers également. Donc, les créanciers chirographaires pourront poursuivre leur débiteur et leurs intérêts continueront à courir.

64. La plupart des jurisprudences rendues en procédures collectives sont des décisions dans lesquelles il y a les créanciers chirographaires et les créanciers garantis. Petit à petit on assiste à une intensification des procédures collectives en droit de l'OHADA dans lesquelles il n'y a que les créanciers chirographaires. Il est essentiel de s'interroger sur le déroulement des procédures de la masse des créanciers chirographaires.

2- La masse des créanciers chirographaires antérieurs

65. L'union des créanciers chirographaires antérieurs suppose que dans ces procédures il n'y ait ni créanciers gagistes, ni créanciers nantis, ni créanciers hypothécaires, encore moins des créanciers privilégiés en général, il y a uniquement que des créanciers chirographaires antérieurs. Actuellement, parmi les procédures collectives dans lesquelles, la majorité ou tous les créanciers antérieurs sont chirographaires dans l'espace OHADA, on peut citer entre autres l'affaire de BADAM, de l'ENTREPRISE SARL KC INVESTOR COMPAGNIE en Guinée.

66. Il faut rappeler que le législateur communautaire est muet sur la question d'égalité entre les créanciers chirographaires antérieurs dans les procédures collectives. Il est alors souhaitable de leur faire appliquer la règle générale des procédures collectives. C'est-à-dire la manière par laquelle on traite les créanciers chirographaires antérieurs à l'image des créanciers garantis doit être de manière analogique, le même traitement entre les créanciers chirographaires antérieurs munis d'un titre exécutoire et ceux non munis d'un titre exécutoire dans les procédures collectives. En pareille occurrence, le juge va créer une jurisprudence[39] qui règlera le problème en lieu et place de l'Acte uniforme sur les procédures collectives.

67. En clair, les articles de l'Acte uniforme portant organisation des procédures collectives d'apurement du passif en droit de l'OHADA doivent s'imposer aux créanciers chirographaires antérieurs.

La constitution de la masse des créanciers est une étape obligatoire, mais elle n'est pas la seule instituée par l'Acte uniforme portant organisation des procédures collectives, il y a aussi la production des créances chirographaires.

Paragraphe II : La production et la vérification des créances chirographaires antérieures déclarées

68. La condition d'admission des créances chirographaires antérieures à la masse des créanciers résulte de l'obligation de produire des créances chirographaires

[39] La jurisprudence pourra être prise pour combler une absence notoire de texte relatif à l'égalité des créanciers chirographaires munis d'un titre exécutoire et ceux non munis d'un titre exécutoire.

antérieures réclamées (A). Il y a souvent des créances non échues, irrégulières et prescrites qui sont déclarées. Pour les constater, il faut procéder à la vérification légitime (B).

A- La production des créances chirographaires antérieures

69. La décision d'ouverture de la procédure de redressement judiciaire ou de liquidation des biens est publiée à la diligence du greffe de la juridiction compétente dans un journal d'annonces légales diffusé à partir du lieu du siège de la juridiction compétente. Sans préjudice de cette publication, une publicité supplémentaire peut également être faite dans tous autres médias.

70. Cette publicité est, en outre, effectuée dans un journal d'annonces légales du lieu de chacun des établissements secondaires du débiteur si le journal habilité à recevoir des annonces légales du siège n'y est pas diffusé.

71. Elle contient les indications suivantes : le nom du débiteur, son domicile ou son siège social, son numéro d'immatriculation au registre du commerce et du crédit mobilier ou son numéro de déclaration d'activité, la date de la décision d'ouverture et le type de procédure collective. Elle doit également indiquer le nom et l'adresse du syndic auprès duquel les créanciers doivent produire leurs créances, le délai de production de ces créances est réglementé intégralement par l'Acte uniforme[40].

72. Une deuxième publicité doit être faite, dans les mêmes termes, à la diligence du greffe de la juridiction

---

[40]Voir les dispositions combinées de l'article 37 et l'article 78 de l'Acte uniforme portant organisation des procédures collectives d'apurement du passif.

compétente, au plus tôt dans les quinze (15) jours et au plus tard dans les trente (30) jours à compter de la première publicité.

73. Les créanciers chirographaires antérieurs domiciliés hors du territoire national où la procédure a été ouverte bénéficient d'un délai de quatre-vingt-dix (90) jours pour produire leurs créances.

La même obligation est faite au créancier chirographaire qui a introduit, avant la décision d'ouverture, une procédure en condamnation en vertu d'un titre, ou à défaut de titre, pour faire reconnaître son droit.

74. À la décharge des créanciers chirographaires, la production interrompt la prescription extinctive de la créance chirographaire antérieure.

Pendant cette période d'observation, les créanciers chirographaires doivent absolument déclarer leurs créances. La déclaration se fait naturellement au greffe de la juridiction en charge du dossier.

75. La production consiste à faire une déclaration du montant des sommes réclamées (principal et intérêt) en monnaie du lieu de la juridiction compétente[41] accompagnée d'un bordereau récapitulatif des pièces remises constituant titre.

1- Modèle de déclaration de créance chirographaire

76. On choisit l'hypothèse dans laquelle les créances chirographaires en totalité sont exigibles soit, par l'arrivée

[41] Voir article 76-1 AUPC, du 25 septembre 2015.

du terme soit, par l'effet du jugement qui prononce le redressement judiciaire ou la liquidation des biens[42].

a- Déclaration

Voici un modèle de déclaration de créance chirographaire (créance non garantie par une sûreté particulière) que vous pouvez utiliser dans le cadre d'une procédure collective (redressement ou liquidation judiciaire) :

[Votre nom ou nom de votre entreprise]
[Votre adresse]
[Votre numéro de téléphone]
[Votre adresse email]

À l'attention de :
Monsieur/Madame le Mandataire Judiciaire
[Nom du mandataire judiciaire]
[Adresse du mandataire judiciaire]

Lieu, le [date]

Objet : Déclaration de créance chirographaire – Dossier de redressement/liquidation judiciaire de [Nom du débiteur]

Madame, Monsieur,

Conformément aux dispositions des articles 25 et suivants de l'Acte uniforme portant procédure collective d'apurement du passif, je soussigné(e), [nom ou raison sociale], demeurant/situé(e) [adresse], déclare par la présente une créance chirographaire à l'égard de [nom du

[42]J.-F. Martin et A. Lienhart. Extrait de l'ouvrage redressement et liquidation judiciaire, Delmas, 8e éd., 2003.

débiteur ou de l'entreprise en redressement/liquidation judiciaire], en cours de procédure collective devant [nom du tribunal] sous le numéro de dossier [référence du dossier].

Les détails de cette créance sont les suivants :

Montant total de la créance : [montant en GNF ou F CFA]

Date de naissance de la créance : [date]

Nature de la créance : [détail de la prestation, facture impayée, prêt, etc.]

Échéance de la créance : [date d'échéance]

Cette créance est chirographaire, c'est-à-dire qu'elle ne bénéficie d'aucune sûreté ou privilège. Vous trouverez ci-joint les documents justificatifs (contrats, factures, bons de commande, etc.) attestant de l'existence de cette créance.

Je vous prie de bien vouloir enregistrer cette déclaration dans le cadre de la procédure collective et de m'informer des suites réservées à cette demande.

Je vous remercie de bien vouloir accuser réception de la présente et reste à votre disposition pour toute information complémentaire.

Dans l'attente, veuillez agréer, Madame, Monsieur, l'expression de mes salutations distinguées.

[Nom et signature]

Pièces jointes :

Copies des factures ou contrats attestant de la créance
Tout autre document justificatif.

b- Énumération des créances

- Créances déclarées à titre chirographaire

- Le montant en principal (facture, relevé de compte, lettre de change, reconnaissance de dettes, prix de marchandises, prestations de services…)
- Les intérêts (fondement, mode de calcul)
- Le frais et accessoires, dommages-intérêts

Total :……………………………...… GNF

- Créances faisant l'objet d'un litige

- L'individualisation de la créance,
- La nature du litige,
- La juridiction compétente saisie,
- L'objet du litige et état d'avancement de la procédure,
- Le nom de l'avocat du débiteur s'il en a

Total : ……………………………….. GNF

c- Admission demandée

Elle est encadrée par les dispositions des articles 86 et suivants et 79-8 et suivants.

Objet : Demande d'admission de créance chirographaire – Procédure collective de [Nom du débiteur]

Madame, Monsieur,

Je soussigné(e), [nom ou raison sociale], demeurant/situé(e) [adresse], sollicite par la présente l'admission de ma créance chirographaire dans le cadre de la procédure collective de [nom du débiteur ou de l'entreprise en redressement/liquidation judiciaire], ouvert devant [nom du tribunal] sous le numéro de dossier [référence du dossier].

Les détails de ma créance sont les suivants :

Montant de la créance : [montant en GNF ou F CFA]

Date d'exigibilité : [date]

Nature de la créance : [détail de la prestation, facture impayée, etc.]

Créance chirographaire (sans privilège ni sûreté particulière)

Je joins à cette demande les documents justificatifs nécessaires à l'appui de ma demande d'admission, à savoir :

[Liste des pièces justificatives : factures, contrats, bons de commande, relevés de compte, etc.]

Je vous remercie de bien vouloir examiner cette demande et procéder à l'admission de ma créance dans les délais légaux. Je reste à votre disposition pour toute information complémentaire ou pour fournir des documents supplémentaires si besoin.

Je vous prie de bien vouloir accuser réception de la présente et de m'informer de la suite qui y sera réservée.

Dans l'attente, je vous prie d'agréer, Madame, Monsieur, l'expression de mes salutations distinguées.

[Nom et signature]

Pièces jointes :

Copies des factures ou contrats attestant de la créance

Tout autre document justificatif.

Veillez à envoyer cette demande dans les délais prévus par la loi après l'ouverture de la procédure collective (60 après la publication du jugement).

Proposition d'un modèle simple :

Le créancier soussigné demande son admission au passif pour :

- à titre chirographaire............... GNF ou F CFA

Total général.. GNF ou F CFA

Fait à ... ..., le ... ...

Certifié sincère, vous trouverez ci-joint, un bordereau qui énonce les documents justificatifs que nous vous soumettons.

Nous vous prions de nous accuser réception de la déclaration ou de nous retourner un exemplaire de celle-ci revêtu de votre signature pour valoir accusé de réception

Signature, *nom et qualité du signataire*

77. La demande d'admission commence à courir à partir de la décision d'ouverture, et prend fin à l'expiration d'un délai de trente (30) jours suivant la deuxième insertion dans un journal d'annonces légales. Elle concerne tous les créanciers antérieurs, qu'ils soient chirographaires ou garantis. Les créanciers chirographaires antérieurs ou non-inscrits qui n'ont pas produit leurs créances dans les quinze (15) jours sont personnellement avertis par le syndic par lettre recommandée avec demande d'avis de réception ou par tout moyen laissant trace écrite pour les quinze (15) jours impartis.

78. Les créanciers chirographaires antérieurs qui n'ont pas produit leurs créances dans le délai de quinze (15) jours à compter de l'avertissement sont forclos. Ils peuvent être relevés de forclusion dans des conditions suivantes. Le créancier intéressé doit adresser au tribunal une demande de levée de forclusion.

Pour que cette demande soit déclarée recevable et examinée au fond, le créancier chirographaire antérieur forclos doit prouver l'absence de faute, avec une limitation de ses droits qui ne peuvent concourir que pour les répartitions de dividendes postérieurs à sa demande.

La demande de relevé de forclusion se fait comme suit

79. *Requête au juge commissaire en relevé de forclusion*

Voici un modèle de demande de relevé de forclusion à utiliser dans le cadre d'une procédure collective si vous n'avez pas pu déclarer votre créance dans les délais impartis :

[Votre nom ou nom de votre entreprise]
[Votre adresse]
[Votre numéro de téléphone]
[Votre adresse email]

À l'attention de :
Monsieur/Madame le Président du Tribunal de Commerce ou le juge commissaire
[Nom du tribunal]
[Adresse du tribunal]
Lieu, le [date]

Objet : Demande de relevé de forclusion – Procédure collective de [Nom du débiteur]

Madame, Monsieur le Juge-commissaire,

Je soussigné(e), [nom ou raison sociale], demeurant/situé(e) [adresse], sollicite par la présente un relevé de forclusion en vertu des articles 83 et suivants de l'Acte uniforme portant procédure collective d'apurement du passif, dans le cadre de la procédure collective concernant [nom du débiteur ou de l'entreprise en redressement/liquidation judiciaire], en cours devant votre tribunal sous le numéro de dossier [référence du dossier].

Ma créance, d'un montant de [montant en GNF ou F CFA], n'a pu être déclarée dans les délais légaux impartis en raison de [motif justifiant le retard : absence d'information, circonstances exceptionnelles, etc.]. Je joins à cette demande les pièces justificatives attestant de l'existence et du montant de ma créance, ainsi que de la raison pour laquelle je n'ai pu la déclarer dans le délai imparti.

Je vous demande donc de bien vouloir accorder un relevé de forclusion et m'autoriser à déclarer ma créance auprès du mandataire judiciaire, malgré l'expiration du délai prévu à cet effet.

Je me tiens à votre disposition pour toute information complémentaire ou pour fournir des documents supplémentaires si nécessaire.

Je vous prie d'agréer, Madame, Monsieur le Juge, l'expression de ma haute considération.

Fait à……………, le……………………….

[Nom et signature]

Pièces jointes :

Documents justifiant la créance (factures, contrats, etc.)

Documents justifiant le motif du retard (lettres, mails, preuves d'absence d'information, etc.)

Points à considérer :

Le motif du retard doit être légitime (par exemple, l'absence d'information concernant la procédure collective).

Cette demande doit être adressée au tribunal compétent (généralement celui qui a ouvert la procédure collective).

Joignez les documents justificatifs pertinents pour appuyer votre demande.

80. La voie du relevé de forclusion ne permet pas aux créanciers chirographaires d'obtenir la modification de leur déclaration de créance initiale, mais plutôt de faire accepter simplement leurs créances chirographaires antérieurs et tous les droits qui s'y rattachent.

2- Le refus de produire la créance chirographaire antérieure réclamée

81. L'abstention de produire sa créance réclamée dans une procédure composée de plusieurs créanciers : chirographaires et garantis, demeure une préoccupation majeure en droit de l'OHADA.

82. La production des créances est une obligation selon l'AUPC[43]. Alors, tout créancier chirographaire qui aurait refusé de produire sa créance va perdre d'office le droit de collocation établi par l'AUPC. Il peut arriver que le créancier chirographaire produise une partie de sa créance chirographaire. Dans cette hypothèse, seule la partie déclarée peut être prise en compte dans le lot des créances de la masse. La partie non déclarée dans le délai ou après le jugement d'ouverture doit être ignorée dans les procédures collectives. Ainsi, le créancier chirographaire antérieur perd sa cause de paiement par ordre ou par préférence par l'effet de son abstention à produire la créance.

83. Il serait mieux pour le législateur communautaire OHADA d'accepter les créanciers chirographaires qui déclarent une portion de leurs créances de bonne foi. À cet effet, ils peuvent être classés suivant le classement général

---

[43] Voir article 78 de l'AUPC du 24 décembre 2015.

des créanciers uniquement pour le montant de la portion de la créance déclarée

84. Les créances chirographaires déclarées antérieurement au jugement d'ouverture doivent être vérifiées, au même degré que les créances garanties.

B- La vérification des créances chirographaires antérieures déclarées

85. La vérification est la procédure ordonnée par le tribunal saisi en vue d'examiner l'exigibilité, la certitude, la régularité et la conformité des créances déclarées et les documents du contrat passé entre le créancier chirographaire et le débiteur.

La vérification est faite par le syndic au fur et à mesure des productions, en présence du débiteur et l'organe des contrôleurs, s'il en a été nommé, ou en leur absence, s'ils ont été dûment appelés par lettre au porteur contre récépissé ou par lettre recommandée avec demande d'avis de réception ou par tout moyen laissant trace écrite.

86. Aux termes des dispositions de l'article 84 al. 1 AUPC « *la vérification est obligatoire quelle que soit l'importance de l'actif ou du passif du débiteur, sous réserve des dispositions des articles 146 et 176 du présent Acte uniforme*... »[44]. Elle est faite par le mandataire judiciaire (syndic) dans les quatre mois (4) mois suivant la

---

[44] Selon les dispositions de l'article 146-1 de l'AUPC, « *il n'est pas procédé à la vérification des créances chirographaires s'il apparait que le produit de la réalisation de l'actif sera entièrement absorbé par les créances privilégiées au sens des articles 5-11, 11-1 ou 33-1 dudit Acte, ainsi que par les frais de justice et les créances super-privilégiées, à moins que, s'agissant d'une personne morale, il y ait lieu de mettre à la charge des dirigeants sociaux de droit ou de fait tout ou partie du passif dans les conditions des articles 183 et suivants* ».

deuxième insertion de la décision d'ouverture de la procédure dans un journal d'annonces légales de l'État parti concerné.

87. Par urgence, le tribunal peut fixer un délai, dans lequel le syndic doit établir la liste des créances déclarées, avec ses propositions d'admission, de rejet ou de renvoi devant la juridiction compétente, et il remet cette liste au Greffier pour être directement transmise au juge-commissaire.

Pendant ce rendez-vous judiciaire, le débiteur peut admettre les créances tout comme il peut les contester.

88. Si la créance chirographaire antérieure est discutée, le syndic doit informer le créancier chirographaire antérieur de cette contestation par courrier, et il lui appartiendra de faire valoir ses droits par lettre recommandée avec demande d'avis de réception.

Les mentions devant figurer dans cette lettre sont le montant de la créance, l'objet de la discussion, et rappeler que si le créancier chirographaire antérieur ne répond pas dans les trente (30) jours, ou soixante (60) jours selon les cas[45], il ne pourra plus contester ultérieurement la proposition du mandataire judiciaire.

89. Lorsque les contestations de créances sont maintenues, celles-ci feront l'objet d'une audience devant le juge-commissaire qui fixera leur montant et leur rang par voie d'ordonnance. À cet effet, elle peut être acceptée ou rejetée (totalement ou partiellement), et cette décision revêtira l'autorité de la chose jugée.

90. Il faut rappeler que cette décision est susceptible de contestation par le créancier chirographaire antérieur, par le

---

[45] Voire article 85 al. 2 AUPC du 24 décembre 2015.

débiteur, par le syndic et même par le tiers intéressé par la voie d'opposition ou d'appel[46].

91. Certes, le créancier chirographaire antérieur a l'obligation de se plier aux règles de discipline et de rigueur des effets du jugement d'ouverture de la procédure collective notamment, l'obligation d'être dans la masse des créanciers, l'obligation de déclarer sa créance et celle de subir de la vérification. Cependant, ils ont le droit de contrôler le déroulement des procédures et d'avoir ses propres représentants dans lesdites procédures. Ils ont également le droit de contester à chaque fois qu'une décision est prise dans ces procédures qui leur paraît infondée ou inadaptée.

Section II : Le droit au contrôle et à la contestation devant le juge

92. Le créancier chirographaire antérieur n'est pas un spectateur des procédures collectives, il est un véritable acteur. Sa place dans le déroulement des procédures se fait sentir à toutes les étapes. Ainsi, l'Acte uniforme lui confère un pouvoir de contrôle du déroulé des procédures collectives (paragraphe I). En dépit de ce pouvoir, l'Acte uniforme leur ouvre une voie d'expression, qui s'exerce par le biais de la contestation (paragraphe II).

Paragraphe I : Le contrôle du déroulement des procédures collectives

93. À tout moment de la procédure de redressement judiciaire ou de liquidation des biens, un (1) à cinq (5) contrôleurs peuvent être désignés par le juge-commissaire parmi les créanciers non-salariés. Le législateur

46 Les voies de recours sont prévues et organisées par les articles 22 et suivants et 88 AUPC du 24 décembre 2015.

communautaire OHADA fait allusion aux créanciers chirographaires antérieurs et à tous les autres créanciers antérieurs n'étant pas salariés. Dans le délai d'un (1) mois à compter de la décision d'ouverture et à la demande du créancier chirographaire antérieur représentant au moins un tiers du total des créances même non vérifiées selon les cas, la nomination de créanciers contrôleurs est obligatoire. À l'expiration de ce délai, tout créancier chirographaire antérieur peut demander à être désigné contrôleur, sans que le nombre total des contrôleurs puisse dépasser cinq (5). En cas de pluralité de demandes, le juge-commissaire veille à ce qu'au moins un créancier contrôleur soit choisi parmi les créanciers munis de sûretés et un autre parmi les créanciers chirographaires antérieurs.

94. Le choix judiciaire sur le créancier chirographaire comme contrôleur, a pour but de défendre et de préserver l'intérêt de l'ensemble des créanciers chirographaires antérieurs au jugement d'ouverture de la procédure collective.

95. Le créancier chirographaire contrôleur nommé par le juge-commissaire peut être révoqué par la juridiction compétente sur demande de celui-ci ou du ministère public. Après révocation, son remplaçant est désigné selon les modalités prévues aux alinéas 1 à 3 de l'article 48 de l'AUPC.

96. Le remplacement d'un créancier chirographaire contrôleur par un autre n'a aucun effet sur les missions dévolues au créancier remplacé. Le créancier chirographaire remplaçant doit loyalement veiller sur la procédure et défendre légalement les intérêts des autres créanciers chirographaires antérieurs, sinon, son remplacement sera proposé au juge-commissaire sans délai.

97. Lorsque le débiteur exerce une profession libérale soumise à un statut réglementé, l'ordre professionnel ou l'autorité compétente est de droit contrôleur, sans préjudice de la désignation de cinq (5) créanciers contrôleurs.

98. Le créancier chirographaire contrôleur assiste le ou les syndics dans leurs fonctions et le juge-commissaire dans sa mission de surveillance du déroulement de la procédure de redressement judiciaire et de liquidation des biens et veille aux intérêts des créanciers[47].

Il a toujours le droit de vérifier la comptabilité et l'état de situation présentés par le débiteur, de demander compte de l'état de la procédure, des actes accomplis par le syndic ainsi que des recettes faites et des versements effectués.

99. Le créancier chirographaire contrôleur est obligatoirement consulté pour la continuation de l'activité de l'entreprise au cours de la procédure de vérification des créances et à l'occasion de la réalisation des biens du débiteur.

100. Sans préjudice des prérogatives dont il jouit conformément à l'article 72 de l'AUPC, le créancier chirographaire contrôleur peut saisir de toutes contestations le juge-commissaire qui statue conformément aux dispositions de l'article 40 de l'AUPC.

La fonction du créancier chirographaire contrôleur est gratuite et doit être exercée personnellement. Le créancier chirographaire contrôleur ne répond que de sa faute lourde.

---

[47] Voir les dispositions de l'article 49 de l'Acte uniforme organisant les procédures collectives d'apurement du passif du 24 décembre 2015.

Paragraphe II : Le contentieux de la liste de la créance chirographaire antérieure

101. Le contentieux concernant la liste des créances antérieures se divise en deux branches distinctes. D'une part, il peut s'agir d'une procédure de contestation de la liste des créances antérieures elle-même **(A),** et d'autre part, de l'omission d'une créance antérieure de ladite liste qui doit être réparée **(B).**

A- La procédure de contestation

102. Dans cette procédure comme toute autre, il faut analyser l'exercice de la procédure de contestation **(1),** en ayant à l'esprit que cette contestation qui a pour but de rejeter la créance contestée, produira des conséquences juridiques **(2).**

1- L'exercice de la contestation

103. En droit de l'OHADA, après l'élaboration de la liste des créances antérieures, elle est déposée au greffe de la juridiction compétente. Le greffier en chef doit procéder à sa publicité contre l'union par un avis d'insertion au journal d'annonces légales ouvrant à tout intéressé un délai de contestation d'un (1) mois devant le juge-commissaire.

104. Quant à la contestation, il sera important de préciser le point de départ du délai de contestation dans l'avis d'insertion. Pour ce faire, il pourra mentionner expressément que le délai commence à courir à partir de la publication ou à telle date ou encore à tel jour après la publication de la liste des créanciers antérieurs, pour éviter toute ambigüité. Mais surtout éviter que certains acteurs des procédures collectives se retranchent derrière cette imprécision de la loi communautaire.

105. En l'absence d'une législation communautaire sur le délai de départ de la contestation, il semble raisonnable d'instruire les États partis de réglementer ce délai de procédure dans leurs codes de procédure civile, dans le cadre de l'harmonisation du droit de l'OHADA.

La compétence de la contestation de la liste des créanciers revient au juge-commissaire qui exerce alors un contrôle juridictionnel.

106. La société détentrice d'une créance chirographaire antérieure contestée par le liquidateur doit saisir le juge-commissaire, seul compétent pour statuer sur un tel recours.

La décision rendue par le juge-commissaire est susceptible d'être attaquée par voie de recours en opposition devant le tribunal compétent dans un délai de quinze (15) jours à compter de sa notification. La décision du tribunal compétent sera, quant à elle, susceptible d'appel dans le délai de quinze (15) jours à compter de sa notification.

107. Il faut enfin souligner que toute sorte de demande ou recours irrégulièrement exercé sera déclarée irrecevable en la forme. À chaque fois qu'on agisse au prétoire, il faut veiller sur les conditions énumérées par les dispositions de l'article 9 du code de procédure civile économique et administrative de Guinée (CPCEA[48]).

2- Les conséquences du rejet de la créance chirographaire antérieure

108. Les créances chirographaires rejetées de la liste par le juge-commissaire sont considérées n'avoir pas été

---

[48]Le CPCEA impose à tous les justiciables (demandeur) de remplir les conditions suivantes : « *le droit d'agir en justice, la capacité d'agir en justice, la qualité d'agir en justice et l'intérêt d'agir en justice.* »

valablement déclarées dans les conditions énumérées ci-dessus.

De toute façon, les créances rejetées de la liste des créances antérieures doivent être traitées comme des créances chirographaires non déclarées. Les créances chirographaires antérieures rejetées de la liste des créances postérieures doivent être considérées comme des créances antérieures, puisqu'elles font l'objet d'une déclaration, d'une vérification, d'une admission au passif, et d'une contestation selon les cas. Cependant, que se passe-t-il lorsqu'une créance chirographaire a été omise de la liste des créances antérieures ?

B- L'omission d'une créance chirographaire antérieure

109. L'omission d'une créance chirographaire antérieure est l'exclusion de bonne ou de mauvaise foi par le syndic. Il fait rayer délibérément le créancier chirographaire de la liste établie. Autrement dit, c'est le refus d'admettre le droit du créancier chirographaire dans les procédures collectives.

110. Toutefois, la créance antérieure chirographaire qui ne figure pas sur la liste ne peut pas être considérée comme une créance antérieure dans la mesure où la loi ne prévoit pas expressément cette possibilité. Ainsi, selon un auteur dont nous partageons l'avis, le créancier omis de la liste pourrait introduire une requête aux fins de porter sa créance sur la liste ou exiger qu'une nouvelle liste des créances antérieures soit établie afin que sa créance puisse y figurer. À défaut de l'acceptation de l'introduction d'une requête ou de l'élaboration d'une nouvelle liste, la créance chirographaire restera une créance antérieure sans privilège selon les cas, mais qui bénéficie toujours de la règle principale du paiement à l'échéance.

111. L'obligation de déclarer les créances chirographaires dans la masse impose une certaine vérification aboutissant à l'admission effective dans les procédures collectives. Cela ne constitue nullement pas la fin des démarches procédurales. Peu importe que le contentieux ait été plus ou moins tranché convenablement. Nonobstant ce droit de contester, le créancier chirographaire a d'autres moyens pour se faire entendre par la juridiction qui a rendu la décision préalable ou par les juridictions hiérarchiquement supérieures si jamais il n'est pas satisfait de la décision.

CHAPITRE II
LES VOIES DE RECOURS ET LES ACTES INOPPOSABLES AU CRÉANCIER CHIROGRAPHAIRE DANS LA MASSE

112. Lorsqu'une entreprise est traduite à la justice pour la cessation des paiements, le juge ouvre une procédure collective qui prive les créanciers du droit d'agir individuellement. Cela pourrait permettre à l'entreprise défaillante de poursuivre ses activités.

À l'occasion de cette procédure collective, des décisions seront rendues susceptibles de voies de recours.

113. Les voies de recours sont des voies de droit destinées à remettre en cause une décision juridictionnelle préalable. Soit l'on veut obtenir le contrôle du bien jugé quant au fond de l'affaire, on parle alors de voie de réformation. Soit l'on veut vérifier la régularité procédurale de la décision au sens du respect des règles des procédures par le juge (les débats ont-ils eu lieu publiquement, la décision sur l'admission ou le rejet des créanciers chirographaires a-t-elle été motivée, les juges ont-ils statué au nombre qu'il faut, les délais ont-ils été respectés ?), alors on parle de voie d'annulation.

114. À noter qu'en droit positif de l'OHADA, les voies de recours sont très limitées en procédures collectives. C'est le cas de certains actes du juge-commissaire qui sont insusceptibles de voie de recours[49]. Ainsi, ne sont susceptibles ni d'opposition ni d'appel :

1-les décisions relatives à la nomination ou au remplacement du juge-commissaire, à la nomination ou à la révocation des syndics ou encore à la nomination ou à la révocation des contrôleurs ;

2-les décisions par lesquelles la juridiction compétente statue sur le recours formé contre les décisions rendues par le juge-commissaire dans les limites de ses attributions, à l'exception de celles statuant sur les revendications et sur les décisions prévues aux articles 162 et 164 de l'AUPC ;

3-la décision rendue par la juridiction compétente en application du dernier alinéa de l'article 111, de l'AUPC ;

4-les décisions autorisant la continuation de l'exploitation, sauf exception[50].

115. Ces restrictions n'empêchent point les créanciers chirographaires de se faire entendre à nouveau, à chaque fois que l'Acte uniforme l'autorise (section I). Au-delà de ces moyens de recours qui sont mis à la disposition des créanciers chirographaires antérieurs, ils ont le plein droit de contester la légalité de certains actes pris par le débiteur (section II).

Section I : Les voies de recours à la portée du créancier chirographaire antérieur

116. L'Acte uniforme cadre restrictivement les moyens de recours en matière de procédures collectives. Lorsque le

[49]L'hypothèse dans laquelle les voies de recours contre les ordonnances du juge-commissaire sont réfutées, article juridique publié le 27/09/2012, vu 25.892 fois, Auteur : Maître Joan DRAY La loi de sauvegarde du 26 juillet 2005 est à l'origine d'un certain nombre de modifications en matière de voies de recours.

[50]Dans le cas prévu par l'article 113, alinéa 2 ci-dessus.

créancier chirographaire s'adresse à la juridiction qui a rendu la décision contestée, on parlera de voie de rétractation (paragraphe I). Lorsqu'il s'adresse à une juridiction hiérarchiquement supérieure, on parlera de voie de réformation (paragraphe II).

Paragraphe I : La voie de recours en rétractation : l'opposition

117. L'opposition tend à faire rétracter un jugement ou une ordonnance rendue par défaut. Elle est ouverte au créancier chirographaire antérieur.

118. L'opposition remet en question, devant le même juge ou tribunal les points jugés par défaut pour qu'il soit de nouveau statué en fait et en droit.

Les décisions de la juridiction compétente susceptibles d'être frappées d'opposition dans les procédures collectives sont le jugement (A) et l'ordonnance (B).

A- L'opposition contre le jugement d' ouverture

119. Comme l'a précisé le juge du TRHCD[51] dans un célèbre *jugement du 11 juin 2004. « L'opposition en tant que voie de recours ordinaire, est ouverte à tout plaideur contre un jugement par défaut qui a été rendu, sauf si un texte l'exclut expressément. »*

120. En matière de procédures collectives, le législateur OHADA a bien réglementé cette voie de recours. Selon l'article 217 de l'AUPC *« Les décisions rendues en matière de redressement judiciaire ou de liquidation des biens sont exécutoires par provision, nonobstant opposition ou appel,*

---

[51] Le Tribunal Régional Hors Classe de Dakar.

à l'exception de la décision homologuant le concordat de redressement judiciaire ainsi que des décisions prononçant la faillite personnelle ».

Cette voie de recours qu'est l'opposition ne concerne pas les questions tranchées relevant de l'appréciation souveraine du tribunal ou du juge-commissaire.

121. Lorsque sa compétence est contestée en raison du lieu, la juridiction, si elle se déclare compétente, doit statuer aussi sur le fond dans la même décision ; celle-ci ne peut être attaquée sur la compétence et sur le fond que par voie d'appel.

122. Cette situation s'est produite dans l'affaire ***Cie Air Afrique du 11 juin 2004***. En l'espèce, le syndic avait soulevé *in limine litis* l'irrecevabilité de l'opposition faite par la compagnie air Afrique sur le fondement de l'AUPC. Mais dans cette affaire, le juge a déclaré recevable l'opposition. Il a rétracté par voie de conséquence, le jugement n° 1503 en date du 27 août 2002, et statué à nouveau en constatant la cessation des paiements de la multinationale.

B- L'opposition contre l'ordonnance du juge-commissaire

123. Le juge-commissaire statue sur les demandes, contestations et revendications relevant de sa compétence dans le délai de huit (8) jours à compter de sa saisine. S'il n'a pas statué dans ce délai, il est réputé avoir rendu une décision de rejet.

124. Les décisions du juge-commissaire sont immédiatement déposées au greffe qui les communique sans délai au président de la juridiction compétente et les notifie, par lettre au porteur contre récépissé ou par lettre recommandée avec demande d'avis de réception ou par tout moyen laissant trace écrite, à toutes personnes à qui elles sont susceptibles de faire grief.

125. Ces décisions peuvent être frappées d'opposition formulée par simple déclaration au greffe de la juridiction compétente dans les huit (8) jours de leur dépôt ou de leur notification ou suivant le délai prévu à l'alinéa premier du présent article. Pendant ce même délai, la juridiction compétente peut se saisir d'office et réformer ou annuler les décisions du juge-commissaire[52].

126. Le juge du TRHCD a par différentes décisions statuées sur les oppositions formulées contre les ordonnances rendues par le juge-commissaire. Lorsque le juge est saisi d'une opposition contre une ordonnance du juge-commissaire, celui-ci a trois (3) possibilités.

Soit il annule l'ordonnance, c'est ce qui résulte du jugement du ***8 avril 2005 Youssouf CAMARA c/Abdel Aziz MOUZAIA.***

Soit, il rétracte l'ordonnance du juge-commissaire.

Soit, il ne s'agit ni d'annuler, ni de rétracter l'ordonnance, mais de débouter le demandeur[53].

C'est dans ce sens que dans le jugement du ***09 juillet 2004 NDOYE c/juge commissaire de la société Armement RIBERO,*** le juge a débouté la société Caoutchouc et Plastiques de l'opposition qu'elle avait formulée contre l'ordonnance du juge commissaire du 10 mars 2004.

127. Certes, cette opposition a été faite par le débiteur en état de cessation des paiements, mais elle peut être faite suivant la même procédure par le créancier chirographaire antérieur.

---

[52] Voir l'article 40 de l'AUPC du 24 décembre 2015.

[53] En l'espèce il s'agit des créanciers chirographaires.

128. L'opposition du créancier chirographaire peut être déclarée recevable, lorsqu'elle est formulée contre les décisions rendues en matière de redressement judiciaire ou de liquidation des biens par déclaration au greffe, dans le délai de quinze (15) jours à compter de la signification desdites décisions.

Pour les décisions soumises aux formalités d'insertion dans les journaux d'annonces légales, ce délai ne court que du jour où la formalité requise en dernier lieu a été effectuée.

Il est statué sur l'opposition dans un délai de trente (30) jours.

129. Selon l'article 23 alinéa 1er, les décisions du président de la juridiction compétente visées à l'article 11 de l'AUPC[54], ne peuvent faire l'objet que d'une opposition devant ladite juridiction dans un délai de huit (8) jours à compter de leurs prononcés.

130. Le délai de huit (8) jours joue dans des procédures de règlement préventif et celui de quinze (15) jours joue dans des procédures de redressement judiciaire ou de liquidation des biens. Une autre distinction, dans la procédure de redressement judiciaire ou de liquidation des biens, le délai de l'opposition commence à courir à partir de la signification de la décision au créancier chirographaire,

---

[54] Sauf autorisation motivée du président de la juridiction compétente, la décision d'ouverture du règlement préventif interdit au débiteur, à peine de nullité de droit :
-de payer, en tout ou en partie, les créances nées antérieurement à la décision d'ouverture ;
-de faire un acte de disposition étranger à l'exploitation normale de l'entreprise ou de consentir une sûreté.
Il est également interdit au débiteur de désintéresser les coobligés et les personnes ayant consenti une sûreté personnelle ou ayant affecté ou cédé un bien en garantie lorsqu'elles ont acquitté des créances nées antérieurement à la décision d'ouverture.

tandis que dans la procédure de règlement préventif le délai commence à courir dès le prononcé de la décision du tribunal.

131. Enfin, les décisions statuant sur la liquidation judiciaire, arrêtant ou rejetant le plan de continuation de l'entreprise sont susceptibles d'oppositions. Les voies d'action sont ouvertes au représentant des créanciers chirographaires ou à eux-mêmes.

Cette opposition varie selon le contenu de la demande, néanmoins on estime nécessaire d'illustrer un formulaire pour une meilleure compréhension.

Formulaire d'opposition du créancier chirographaire dans une procédure de redressement judiciaire ou de liquidation des biens

voici un modèle de formulaire d'opposition du créancier chirographaire dans le cadre d'une procédure collective :

[Votre nom ou nom de votre entreprise]
[Votre adresse]
[Votre numéro de téléphone]
[Votre adresse email]

À l'attention de :
Monsieur/Madame le Président le Juge-commissaire
[Nom du tribunal]
[Adresse du tribunal]

Objet : Opposition du créancier chirographaire dans le cadre de la procédure collective de [Nom du débiteur]

Madame, Monsieur le Juge,

Je soussigné(e), [Nom ou raison sociale], domicilié(e) à [adresse], agissant en qualité de créancier chirographaire, déclare par la présente former opposition à la décision relative à la répartition des actifs dans le cadre de la procédure collective concernant [Nom du débiteur ou de l'entreprise en redressement/liquidation judiciaire], dossier numéro [référence du dossier], en cours devant votre tribunal.

Les motifs de mon opposition sont les suivants :

1. [Exposer les motifs de l'opposition : mauvaise répartition, créance non prise en compte, etc.]

2. [Autres éléments en lien avec la procédure]

Je vous demande de bien vouloir prendre en compte cette opposition et de revoir les conditions de répartition des actifs ou toute autre décision affectant ma créance chirographaire, qui s'élève à [montant de la créance].

Vous trouverez ci-joint les documents nécessaires à l'appui de mon opposition, à savoir :

[Liste des pièces justificatives : correspondances, relevés, décisions, etc.]

Je me tiens à votre disposition pour toute information complémentaire ou pour fournir des documents supplémentaires, si nécessaire.

Je vous prie d'agréer, Madame, Monsieur le Juge-commissaire, l'expression de mes salutations distinguées.

Lieu, le [date]

[Nom et signature]

Pièces jointes :

Copie de la décision faisant l'objet de l'opposition

Documents justificatifs de votre créance

Autres documents pertinents pour l'opposition.

Points clés :

Vous devez justifier les motifs de votre opposition, par exemple une mauvaise prise en compte de votre créance ou une répartition que vous jugez injuste.

Cette opposition doit être adressée au tribunal compétent, généralement celui qui a ouvert la procédure collective.

Les délais pour former une opposition sont souvent stricts, veillez à les respecter.

Proposition d'un Formulaire d'opposition pour une décision par défaut :

Monsieur le Greffier en chef, J'ai reçu en date du……. (Précisez la date à laquelle la décision rendue en votre absence vous a été notifiée) ; notification du jugement prononcé en mon absence par votre tribunal dans le litige qui m'oppose à……… (Indiquez les nom et prénoms de la partie adverse ou dénomination, siège social, numéro d'identification, selon les cas.)

J'ai l'honneur de vous informer que je forme une opposition contre ce jugement ou cette ordonnance.

En effet, je conteste vivement le bien-fondé de la décision pour laquelle je n'ai pas pu me défendre du fait de mon absence lors de l'audience à laquelle vous m'aviez convoqué. Celle-ci était justifiée pour des raisons indépendantes de ma volonté et leur caractère de gravité.

Le jour de l'audience, j'ai……… (Décrivez précisément les faits qui vous ont empêché de vous rendre à l'audience : lieu, évènement à l'origine de l'empêchement, heure...).

Vous remerciant à l'avance de toute l'attention que vous voudriez bien porter à ma demande, je vous prie d'agréer, Madame/ Monsieur le Greffier en chef, l'expression de mes respectueuses salutations.

L'opposition peut se faire par écrit comme oralement.

Paragraphe II : La voie de recours en réformation : l'appel

132. L'appel est la voie de recours ordinaire par excellence, mis à la disposition du créancier chirographaire antérieur lui permettant de s'adresser à la juridiction hiérarchiquement supérieure pour réexaminer son affaire jugée par le tribunal commercial. Dans la procédure de règlement préventif, de redressement judiciaire ou de liquidation des biens, le créancier chirographaire doit interjeter appel dans un délai de quinze (15) jours à compter du prononcé de la décision, sauf dispositions contraires de la loi uniforme.

133. L'appel est jugé, sur pièces, par la juridiction d'appel, dans un délai de trente (30) jours à compter de la déclaration au greffe. Toutefois, les parties intéressées peuvent demander à être entendues en appel ; cette demande doit être présentée dans la déclaration d'appel et ne peut avoir pour effet de retarder la décision au-delà du délai prévu.

La décision d'appel est exécutoire sur minute[55].

Pour une meilleure compréhension, voici un formulaire d'une demande d'appel

Voici un modèle de formulaire de demande d'appel pour un créancier chirographaire souhaitant contester une décision rendue dans le cadre d'une procédure collective :

[Votre nom ou nom de votre entreprise]
[Votre adresse]
[Votre numéro de téléphone]
[Votre adresse email]

À l'attention de :
Monsieur/Madame le Chef de Greffe,
Cour d'Appel de [Nom de la ville]
[Adresse de la Cour d'Appel]

---

[55] La minute d'un jugement est l'original ou acte authentique établi par le juge audiencier, on appelle aussi « factum », elle est différente de la grosse et l'expédition.

Objet : Demande d'appel – Procédure collective de [Nom du débiteur] – Affaire n° [référence de l'affaire]

Madame, Monsieur le Greffier,

Je soussigné(e), [nom ou raison sociale], agissant en qualité de créancier chirographaire dans la procédure collective concernant [nom du débiteur ou de l'entreprise en redressement/liquidation judiciaire], ouverte devant le Tribunal de [nom du tribunal], sous la référence [référence du dossier], vous informe par la présente de ma décision d'interjeter appel du jugement rendu le [date du jugement] par ce tribunal.

Les motifs de mon appel sont les suivants

1. [Expliquer brièvement les motifs du désaccord avec le jugement rendu : mauvaise répartition des actifs, créance non admise, créance mal évaluée, etc.]

2. [Autres motifs justifiant l'appel]

En tant que créancier chirographaire, je conteste la décision de première instance en raison de [préciser les points précis de désaccord], et demande que cette décision soit annulée ou modifiée conformément aux arguments exposés.

Je vous prie de bien vouloir enregistrer cette demande d'appel et de me tenir informé(e) des suites réservées à cette procédure. Vous trouverez ci-joint une copie du jugement attaqué ainsi que les pièces justificatives nécessaires à l'appui de ma requête.

Je vous prie d'agréer, Madame, Monsieur le Greffier, l'expression de mes salutations distinguées.

Fait à………le………20….

[Nom et signature]

Pièces jointes :

Copie du jugement attaqué

Documents prouvant l'existence et l'évaluation de la créance.

Autres justificatifs pertinents

Points à vérifier :

1. Délai d'appel : Assurez-vous que l'appel est formé dans le délai légal, notamment dans les 15 jours qui suit la notification du jugement. (Voir l'article 42 de l'AUPC).

2. Compétence : L'appel doit être déposé auprès de la Cour d'Appel compétente en matière de procédure collective.

3. Motifs précis : Il est important de préciser pourquoi vous contestez la décision, en mettant l'accent sur la répartition des actifs ou l'admission de votre créance.

4. Documents justificatifs : Joignez tous les documents pertinents pour prouver l'existence de votre créance ainsi que les motifs de votre contestation.

Une autre proposition :

Monsieur le Greffier, Par une décision rendue le... (date), par le tribunal de.... (nom, lieu), je n'ai été satisfait de la décision ou de la..... condamnation au bénéfice de.... (nom, société ....)

Par la présente, je vous informe que je conteste vivement cette décision au motif que...... (raison de l'appel) et que j'interjette appel de la décision sus-référencée en objet. Dans l'attente de vous lire, je vous prie d'agréer, Monsieur le Greffier, mes salutations distinguées. PJ : Pièces justificatives[56].

134. Il est important d'aborder les effets que peut produire cet appel (A) et d'autres voies de recours envisageables (B).

---

[56]Source : http://www.lettres-gratuites.com/modele-lettre-faire-appel-jugement-condamnation-767.htmlCopyright © Lettres-Gratuites.com

A- Les effets de l'appel

135. En droit commun l'appel à un effet suspensif. Il empêche l'exécution de la décision attaquée, ceci, en principe et sauf le cas où l'exécution provisoire est autorisée.

En droit de l'OHADA, le législateur communautaire semble déroger à cela, dans les procédures collectives, l'exécution provisoire sur munîtes est le principe et l'effet suspensif est l'exception.

136. L'appel a un effet dévolutif. C'est-à-dire que le premier procès rendu, est différé, au juge d'appel. Celui-ci le reprend entièrement ou partiellement suivant que l'appel porte surtout ou partie du jugement. C'est-à-dire le juge d'appel statue en fait et en droit.

137. Le législateur OHADA enseigne qu'en procédures collectives le juge d'appel peut statuer en droit. Toutefois, le créancier chirographaire appelant peut demander à être entendu en appel ; cette demande doit être présentée dans la déclaration d'appel et ne peut avoir pour effet de retarder la décision au-delà du délai prévu[57].

B- Les autres voies de recours

138. Parmi les voies de recours ne figurant pas dans l'Acte uniforme portant organisation des procédures collectives d'apurement du passif, il y a la tierce opposition, la prise à partie, le recours en révision et la requête civile. Quant au pourvoi en cassation, il s'est limité à dire simplement que les décisions de la juridiction statuant sur

[57] Voir les dispositions de l'Article 221 de l'AUPC du 24 décembre 2015.

l'opposition ne sont susceptibles d'aucune voie de recours autre que le pourvoi en cassation[58].

La tierce opposition est la voie de recours extraordinaire ouverte à tous les tiers quand ils sont lésés ou menacés de l'être d'un jugement auquel ils n'ont pas été mêlés.

La requête civile est une voie de recours extraordinaire par laquelle un créancier chirographaire antérieur demande à une juridiction qui a rendu une décision passée en force de chose jugée de la rétracter parce qu'elle est entachée d'erreur, et de statuer à nouveau en fait et en droit.

On dit que le juge est *pris à partie* lorsqu'il y a le dol, la fraude, la concussion ou la faute lourde professionnelle, soit pendant l'instruction des dossiers, soit lors des jugements ou encore le refus de juger, (déni de justice[59]).

139. À noter qu'en droit positif Guinéen, en cas de pris à partie, la requête contre le juge doit être adressée à l'institution appelée Conseil supérieur de la magistrature. Comme l'OHADA n'a pas encore cette institution, il est possible de faire renvoi aux droits positifs des Etats parties, tout pour garantir l'harmonisation du droit de l'OHADA.

140. Enfin le pourvoi en cassation est un recours devant la Cour Commune de Justice et d'Arbitrage à Abidjan pour violation de la loi.

141. En droit interne, il n'a pas un effet dévolutif c'est — à-dire que le pourvoi ne dévolu pas le procès à la Cour suprême. Celle-ci n'a pas à reprendre le procès. Elle accepte les faits tels qu'ils ont été établis par la décision et elle examine seulement si la loi leur a été exactement appliquée.

---

[58] Voir l'article 23-1 alinéa 4 de l'AUPC du 24 décembre 2015.

[59] Voir les dispositions de l'article 668 du code de procédure civile économique et administrative de Guinée.

142. Contrairement au droit communautaire OHADA, devant la CCJA le pourvoi a un effet dévolutif, c'est-à-dire celle-ci reprend le procès en fait et en droit.

La formulation du pourvoi en cassation dans une procédure collective :

Un modèle de pourvoi en cassation pour un créancier chirographaire qui souhaite contester une décision rendue en appel dans le cadre d'une procédure collective :

[Votre nom ou nom de votre entreprise]
[Votre adresse]
[Votre numéro de téléphone]
[Votre adresse email]

À l'attention de :
Monsieur/Madame le Greffier en Chef ou le Chef de greffe
Cour Commune de Justice et d'Arbitrage (CCJA)
[Adresse de la CCJA]

Objet : Pourvoi en cassation – Procédure collective de [Nom du débiteur] – Affaire n° [référence de l'affaire en appel]

Madame, Monsieur le Greffier,

Je soussigné(e), [nom ou raison sociale], demeurant/situé(e) [adresse], agissant en qualité de créancier chirographaire dans la procédure collective concernant [nom du débiteur ou de l'entreprise en redressement/liquidation judiciaire], souhaite former pourvoi en cassation contre l'arrêt rendu par la Cour d'appel de [nom de la ville] en date du [date du jugement en appel], sous le numéro de dossier [référence de l'affaire en appel].

Les moyens du pourvoi sont les suivants :

1. Violation de la loi : [Expliquer en quoi la décision de la Cour d'appel a enfreint une règle de droit (par exemple, mauvaise interprétation ou application des textes légaux ou réglementaires).]

2. Défaut de base légale : [Préciser en quoi la décision contestée manque de fondement juridique suffisant.]

3. Violation des droits de la défense : [Si applicable, mentionner toute irrégularité dans la procédure ou les décisions ayant porté atteinte à vos droits en tant que créancier.]

Je considère que l'arrêt rendu par la Cour d'appel est entaché d'une mauvaise interprétation des règles applicables, portant ainsi atteinte à mes droits en tant que créancier chirographaire. En conséquence, je demande à la Cour Commune de Justice et d'Arbitrage (CCJA) de casser et annuler cet arrêt pour les raisons susmentionnées.

Je vous saurai gré de bien vouloir enregistrer le présent pourvoi et me tenir informé(e) des suites réservées à cette procédure.

Je vous prie d'agréer, Madame, Monsieur le Greffier, l'expression de mes salutations distinguées.

Lieu, le [date]

[Nom et signature]

Pièces jointes :

Copie de l'arrêt de la Cour d'appel

Documents justifiant le pourvoi (éventuels éléments juridiques ou preuves)

Autres documents pertinents (ex. : éléments relatifs à la créance, à la procédure, etc.)

Points importants à prendre en compte :

1. Délai pour former un pourvoi en cassation : Le pourvoi doit être formé dans un délai strict (généralement deux mois à compter de la notification de l'arrêt d'appel).

2. Compétence de la Cour Commune de Justice et d'Arbitrage (CCJA) : La CCJA rejuge donc contrairement à la Cour suprême, statue sur le fait et en droit.

Le pourvoi peut être basé le pourvoi sur des erreurs de droit ou des vices de procédure.

3. Consultation d'un avocat : Un pourvoi en cassation requiert souvent l'assistance d'un avocat aux Conseils (avocat spécialisé dans les procédures devant la CCJA).

4. Moyens de cassation : Vous devez spécifiquement indiquer les moyens de droit (erreurs juridiques, défauts de base légale, etc.) sur lesquels repose votre demande.

Une formule simple :

Maître, Par une décision rendue le... (date), par la Cour d'Appel de... (nom, lieu), je n'ai pas été satisfait de l'arrêt affirmatif ou infirmatif rendu en dernier ressort au bénéfice de... (nom, société).

Je vous saurais gré de bien vouloir former un pourvoi en cassation en mon nom à l'encontre de cette décision.

Dans l'attente de vous lire, je vous prie d'agréer, Maître, l'assurance de ma parfaite considération.

143. Dans une procédure collective, quand la CCJA rend son arrêt, il est exécutoire dans tous les pays membres du traité OHADA sans exéquatur. Cet arrêt est insusceptible de voie de recours, la seule possibilité offerte au créancier chirographaire antérieur, c'est de demander la révision de cet arrêt s'il y a eu des erreurs matérielles dans l'arrêt de ladite Cour. Cette demande de révision est toujours adressée à la même CCJA déposée au greffe.

Section II : L'inopposabilité de certains actes et ses effets juridiques

144. Lorsque la procédure collective est ouverte contre une entreprise, ses créanciers deviennent des acteurs du contrôle de la procédure et de l'entreprise débitrice. L'entreprise débitrice est capable de passer des actes susceptibles de réduire son patrimoine, ou encore susceptibles de compliquer le paiement de ses créanciers. Au fur et à mesure que le débiteur s'appauvrie, la chance de paiement du créancier chirographaire diminue. Ainsi l'Acte uniforme a énuméré des actes du débiteur qui sont inopposables au créancier chirographaire (paragraphe I). Une fois que ces actes sont connus, il va sans dire d'analyser les effets juridiques qui peuvent en découler (paragraphe II).

Paragraphe I : Les actes inopposables au créancier chirographaire

145. L'inopposabilité s'appréhende d'un acte juridique dont la validité en tant que telle n'est pas contestée, mais dont les tiers peuvent écarter les effets. Dans le cadre des procédures collectives, l'inopposabilité permet à la masse des créanciers d'ignorer certains actes réalisés par le débiteur (A), et attaquer soit en nullité certains actes passés par le débiteur qui leur sont préjudiciables soit, exercer un droit appartenant à son débiteur (B).

A- Les inopposabilités de droit et les inopposabilités facultatives

146. Les inopposabilités ont pour but de protéger les créanciers chirographaires antérieurs contre les agissements indélicats du débiteur. Selon les cas d'inopposabilités, il y a en premier lieu l'inopposabilité de droit (1). Il y a des hypothèses dans lesquelles le créancier chirographaire antérieur requérant peut abuser de l'exercice de ces droits d'inopposabilités. Pour pallier ces velléités dans les procédures, la loi impose l'intervention du juge à chaque fois qu'il est nécessaire, d'où la notion d'inopposabilité facultative ou relative (2).

1- Les inopposabilités de droit

147. La raison d'être des inopposabilités de droit résulte de l'idée de lutter contre la fraude éventuelle du débiteur, la volonté de rétablir l'égalité entre les créanciers ou de privilégier les créanciers au détriment de certains créanciers.

148. Selon les dispositions de l'article 68 AUPC, sont inopposables de droit à la masse des créanciers s'ils sont faits pendant la période suspecte :

1°) *Tous les actes à titre gratuit translatifs de propriété mobilière ou immobilière ; ce premier point visé est relatif aux contrats de donations, puisque les bénéficiaires de libéralités pour cause de mort passent toujours après les créanciers chirographaires.* Le fondement de cette inopposabilité est simple et juste. Il n'est pas normal que le débiteur, incapable de payer ses dettes, décide de faire des donations. Nul ne peut faire des libéralités tant que lui-même n'est pas libéré **(*Nemo liberalis nisi liberatus*).** Toutes les donations quelles qu'en soient la forme sont visées. En effet, il peut s'agir d'un moyen déguisé de faire sortir le bien de son patrimoine afin qu'il échappe à toute action de son créancier.

2°) *Tout contrat commutatif dans lequel les obligations du débiteur excédent notablement celles de l'autre partie*.

Il s'agit de neutraliser les libéralités déguisées ou tout au moins les déséquilibres manifestes prononcés au détriment du débiteur et par voie de conséquence de ses créanciers chirographaires.

3°) *Tout paiement, quel qu'en soit le mode, de dettes non échues, sauf s'il s'agit du paiement d'un effet de commence.* Une volonté de rupture d'égalité entre les créanciers à payer des dettes non échues (chirographaires ou garanties) pendant que l'on ne paye pas les dettes exigibles.

4°) *Tout paiement de dettes échues, fait autrement qu'en espèce, effet de commerce, virement, prélèvement, carte de paiement ou de crédit ou compensation légale, judiciaire ou conventionnelle de dettes ayant un lien de connexité entre elles ou tout autre mode normal de paiement ou communément admis dans les relations d'affaires du secteur d'activité du débiteur.* Il faut ardemment rappeler, ici et au sens du texte, que l'inopposabilité concerne les modes ou procédés anormaux de paiement, comme la cession de créances, la délégation parfaite ou imparfaite, la dation en paiement. Afin de tenir compte de l'évolution, l'Acte uniforme étend la liste des modes de paiement normaux et opère une ouverture en visant expressément « tout autre mode normal de paiement ».

5°) *Toute sûreté réelle conventionnelle constituée à titre de garantie d'une dette antérieurement contractée, à moins qu'elle ne remplace une sûreté antérieure d'une nature et d'une étendue au moins équivalente ou qu'elle soit consentie en exécution d'une convention antérieure à la cessation des paiements.* Cela suppose que lorsque la sûreté est postérieure à la dette, il y a une volonté de rompre l'égalité entre les créanciers antérieurs en général, cela écrase tout le droit de créancier chirographaire antérieur en termes d'égalité. Cette situation s'explique de la manière suivante : le créancier concerné, conscient des difficultés du débiteur, réclame et obtient une sûreté ou bien le débiteur, pour éviter une poursuite en paiement, propose une sûreté au créancier qui l'accepte. En clair, c'est un moyen qui lèse les créanciers chirographaires dans les procédures. Surtout s'ils sont nombreux contre un seul créancier titulaire de sûreté.

6°) *Toute inscription provisoire d'hypothèque judiciaire conservatoire ou de nantissement judiciaire conservatoire***.** Le législateur dit de rendre inopposable la manœuvre du créancier habile qui, sentant approcher les procédures collectives, solliciterait à titre conservatoire l'inscription d'une sûreté au greffe de la juridiction compétente.

149. En dépit de l'inopposabilité de droit, il y a des circonstances dans lesquelles la faculté d'appréciation du juge est sollicitée pour éviter les abus d'inopposabilité.

2- Les inopposabilités facultatives ou relatives

150. Cette seconde catégorie d'inopposabilité se caractérise par le fait que même si les conditions sont réunies, le juge dispose d'un pouvoir souverain d'appréciation pour prononcer ou refuser l'inopposabilité. Il y a donc une certaine souplesse par rapport aux inopposabilités de droit.

151. Les actes doivent avoir été accomplis pendant la période suspecte[60], ou six mois avant en ce qui concerne les libéralités, et ils doivent causer un préjudice à la masse.

L'article 69 AUPC vise une panoplie d'actes qui intéressent cette partie dont :

---

[60] Voire l'article 67 AUPC du 24 décembre 2015.

1°) *Les actes à titre gratuit translatifs de propriété mobilière ou immobilière fait dans les six (6) mois précédent la période suspecte.* À la différence de l'inopposabilité de droit le législateur est précis en indiquant six mois pour que le juge ait la faculté de prononcer ou de refuser l'inopposabilité en faveur du créancier chirographaire antérieur.

2°) *Les actes à titre onéreux si ceux qui ont traité avec le débiteur ont eu connaissance de la cessation des paiements du débiteur au moment de la conclusion.* À ce niveau le législateur manque de précision. Ce qu'il faudra exiger, est que ce contrat doit causer des préjudices aux créanciers chirographaires antérieurs, a contrario, si le contrat conclu produit des effets bénéfiques aux créanciers chirographaires, il n'est pas utile de prononcer l'inopposabilité.

3°) *Les paiements volontaires de dettes échues si ceux qui les ont perçus ont connaissance de cessation des paiements du débiteur au moment des paiements.*

152. Il y a une double interprétation possible : le renfort du mécanisme de la protection des créanciers chirographaires antérieurs vulnérables dans leur statut. Et, cela parait comme une sorte de moralisation des procédures qui profite à l'union dans les procédures.

Il y a des aménagements ou exceptions à cette règle, le paiement fait au porteur diligent d'une lettre de change d'un billet à ordre ou d'un chèque est bien opposable à la masse donc au créancier chirographaire. Sauf, dans les cas suivants, où une action en rapport est possible contre :

a- Le tireur ou le donneur d'ordre en cas de tirage pour compte qui a eu connaissance de la cessation des paiements du tiré soit au moment du tirage, soit au moment du paiement de la lettre de change à lui fait par le tiré ;

b- Le bénéficiaire du billet à ordre qui a eu connaissance de la cessation des paiements du souscripteur, soit au moment de l'endossement de l'effet par lui, soit au moment du paiement à lui fait par le souscripteur ;

c- Le tireur d'un chèque qui a eu connaissance de la cessation des paiements du tiré au moment de l'émission du chèque ;

d- Le bénéficiaire d'un chèque qui a eu connaissance de la cessation des paiements du tireur au moment de l'émission du chèque ;

e- Le bénéficiaire qui a eu connaissance de la cessation des paiements du tiré, soit au moment de l'émission, soit au moment du paiement du chèque.

153. Il faut rappeler que l'inopposabilité est un moyen défensif à la disposition des créanciers chirographaires antérieurs. Ils disposent d'autres moyens offensifs plus efficaces qui doivent être examinés.

B- Les autres moyens d'action contre les actes inopposables

154. Les créanciers chirographaires n'ont aucune garantie de leur débiteur, sauf leur patrimoine (droit de gage général). Donc, pour qu'ils soient payés, il faudrait que le patrimoine de leur débiteur soit consistant à l'échéance. Or, ce patrimoine peut fluctuer entre temps par la négligence ou la mauvaise foi du débiteur. Ne peut-on pas alors envisager pour eux des techniques qui leur permettent de préserver leurs intérêts dans le patrimoine de leur débiteur ?

155. Le droit n'a pu rester insensible à leur sort, c'est pourquoi il a prévu deux actions qui permettent aux créanciers chirographaires de se prémunir contre la négligence ou la fraude de leur débiteur.

156. C'est d'abord l'action oblique accordée au créancier chirographaire antérieur qui lui permet d'agir directement contre le débiteur de son débiteur négligent (1). Il y a ensuite l'action paulienne qui permet au créancier de faire révoquer ou de faire annuler les contrats frauduleux conclus par son débiteur (2).

3- L'action par voie oblique

157. La protection absolue n'existe pas en droit. Si le débiteur est protégé contre des poursuites individuelles des créanciers, cela ne lui confère pas le droit d'agir contre l'intérêt de ses créanciers. En effet, pour éviter que le débiteur en cessation des paiements agisse au détriment de ses créanciers patients, la loi dote les créanciers chirographaires du droit d'engager une action parallèle à celle de la masse des créanciers pour des cas spécifiés.

168. Il faut rappeler qu'il y a des débiteurs de mauvaise foi, qui opposent leur insolvabilité déguisée aux créanciers et refusent d'user des moyens pouvant garantir leur solvabilité. C'est-à-dire, refuser d'exercer leurs droits de recouvrement de créance dans le seul but, d'empêcher le désintéressement des créanciers chirographaires.

169. L'action engagée par le créancier chirographaire est qualifiée d'« *oblique* », parce que le créancier chirographaire va exercer un droit à la place du débiteur récalcitrant ou négligent. D'une manière mieux compréhensible, le créancier chirographaire A laissé son débiteur B pour saisir C qui est le débiteur de B négligent.

Le but poursuivi par le créancier chirographaire A dans cette action est, d'obliger le débiteur C à payer la somme due à son débiteur B, qui sera solvable pour payer ledit créancier chirographaire A.

170. Comme très souvent le créancier chirographaire est dans une masse de créancier, donc sa mission sera de contraindre C à payer le débiteur primaire B. Cette somme sera versée dans le patrimoine du débiteur destiné à désintéresser tous les créanciers inscrits antérieurement au jugement d'ouverture de la procédure collective.

171. On complète cette définition détaillée par celle du dictionnaire OHADA, selon laquelle « l'action oblique est le fait par le créancier chirographaire d'exercer une action en justice ou d'un droit, appartenant à son débiteur négligent ou inactif qui renonce à s'enrichir en étant insolvable[61]. » Le créancier exerce une action appartenant à son débiteur donc au nom de ce dernier. Il agit contre les débiteurs de son débiteur[62].

172. Dans certaines circonstances, le créancier chirographaire peut exercer une « *action directe* », c'est-à-dire, agir en son nom et pour son compte contre le débiteur de son débiteur.

173. Pour éviter que le créancier abuse de l'exercice de ce droit, il faut lui rappeler les conditions qui lui donnent ce droit (a), puis les effets qui s'y rattachent (b), et enfin les assouplissements (c).

a- Les conditions de l'action oblique

174. Les conditions à remplir sont relatives uniquement aux deux (2) parties qui ont conclu le contrat de base, à savoir : le créancier chirographaire et le débiteur.

---

[61] *Dictionnaire de Droit OHADA* : Hilarion Alain BITSAMANA ; Maître de conférence en Droit privé : Chargé de cours à L'ESC, ISCOM éd. Pointe-Noire, le 29 mai 2003.

[62] V. article 679 du code civil Guinéen.

175. Concernant le créancier chirographaire poursuivant, la créance chirographaire doit être certaine, c'est-à-dire non douteuse, déterminée dans sa nature. La créance doit également être exigible, cela signifie que le paiement de la dette chirographaire ou créance peut être immédiatement réclamée.

176. Concernant le débiteur poursuivi, il doit être en cessation des paiements. La cessation des paiements se traduit par l'impossibilité dans laquelle se trouve un débiteur ou une entreprise de faire face à son passif exigible avec son actif disponible, c'est-à — dire de payer ses dettes échues.

La cessation des paiements entraîne l'ouverture d'une procédure de redressement ou de liquidation judiciaire.

b- L'effet de l'action oblique

177. Les droits que le créancier chirographaire a fait reconnaître entrent dans le patrimoine du débiteur, au profit de la masse des créanciers (tous les créanciers chirographaires et les créanciers garantis admis). L'exercice de cette action est basé sur un principe résultant du Code civil guinéen, qui dégage des aménagements à celui-ci.

c- L'exception à l'action oblique

178. Quelle que soit la valeur de la créance ou la forme de l'action, le créancier poursuivant ne peut pas exercer les droits exclusivement attachés à la personne de son débiteur (actions extrapatrimoniales, actions patrimoniales ayant un caractère moral prédominant : séparation de biens judiciaire, action en divorce…).

4- L'action par voie paulienne

179. Le préteur Romain Paulus a eu raison de créer cette action contre les débiteurs de mauvaise foi qui s'amusent à ficeler des contrats onéreux un peu partout étant donné qu'ils sont redevables. Le créancier chirographaire anéantit ainsi tous les actes frauduleusement établis.

180. Concrètement, l'action paulienne est celle donnée au créancier chirographaire pour faire échec aux manœuvres d'un débiteur tendant à se rendre insolvable. Elle suppose que l'acte attaqué est susceptible de rendre le débiteur insolvable ou qu'il ait été passé dans cette intention. Cet acte reste inopposable au créancier chirographaire poursuivant.

181. En matière d'action paulienne[63], on présume s'il s'agit d'un acte à titre gratuit qu'il y a fraude parce que nul ne peut faire des libéralités tant que lui-même n'est pas libéré. (Voir l'article 68 AUPC).

182. Par contre, s'il s'agit d'un acte à titre onéreux, le créancier chirographaire doit prouver que le débiteur en cessation des paiements a voulu porter atteinte à ses intérêts, qu'il a fraudés. D'où la nécessité d'aborder les conditions d'exercice de l'action paulienne (a). Une fois que ces conditions sont réunies, l'action va produire des effets juridiques (b). Enfin on s'interrogera, sur les limites à l'exercice de l'action paulienne (c).

---

[63]PIZZIO-DELAPORTE (C.), L'action paulienne dans les procédures collectives, RTD com. 1995, p.715.

a- Les conditions d'exercice de l'action paulienne

183. La cause exclusive de l'ouverture d'une procédure de redressement judiciaire ou de liquidation des biens est la cessation des paiements. Il est alors inconcevable que le débiteur qui n'a pas payé ses créanciers s'oblige ailleurs. Tout engagement pris au cours des procédures est susceptible d'être attaqué suivant les conditions ci-après.

184. D'abord, l'action doit être intentée contre le tiers, partie à l'acte, c'est-à-dire celui qui contracte avec le débiteur poursuivi. Il est tiers à l'acte qui lie le créancier poursuivant au débiteur poursuivi certes, mais il est considéré comme un tiers intéressé par ce contrat.

185. Ensuite, la créance doit être antérieure à l'acte attaqué. Ce qui veut dire que la dette réclamée doit être la résultante d'un contrat antérieur à celui qui est contesté à l'instance de la phase de négociation par le créancier chirographaire.

186. Enfin du côté de créancier chirographaire poursuivant, il faut que la créance soit certaine, liquide et exigible.

187. En ce qui concerne le débiteur poursuivi, son insolvabilité doit être la conséquence de l'acte frauduleux.

Il faut aussi faire le constat effectif d'un préjudice subi par le créancier chirographaire poursuivant : création ou aggravation de l'insolvabilité du débiteur, caractère frauduleux de l'acte, intention de nuire au créancier, ou du moins, conscience de lui porter préjudice suffissent largement pour caractériser l'action paulienne.

b- L'effet juridique

188. L'effet juridique principal se produit en faveur du créancier chirographaire poursuivant. En clair, une fois que l'action est engagée ; l'acte frauduleux devient inopposable à l'égard du créancier chirographaire ayant intenté l'action. Il est seul à pouvoir saisir le bien qui a réintégré le patrimoine du débiteur[64].

c- Les exceptions

189. L'exception reste valable à l'action oblique et l'action paulienne. Tous les actes juridiques sont susceptibles d'être attaqués par l'action paulienne, sauf les actes relatifs aux droits attachés à la personne du débiteur poursuivi, notamment les actions en justice sur le divorce, sur l'adoption, sur le changement de nom, etc.

190. L'inopposabilité est une situation de droit qui s'impose dans plusieurs circonstances comme celle des procédures collectives. Lorsqu'un acte est déclaré inopposable, il produit d'office des effets de droit.

Paragraphe II : Les effets juridiques de l'inopposabilité

191. L'inopposabilité est la caractéristique d'un acte que les tiers peuvent tenir comme ''*inexistant*'', bien qu'il soit parfaitement valable et efficace entre les parties. Autrement dit, c'est un acte juridique dont la validité n'est pas affectée, mais dont les tiers peuvent écarter les effets proprement dits

---

[64] *Voir Dictionnaire de Droit OHADA* ; Hilarion Alain BITSAMANA ; Maître en Droit privé ; Chargé de cours à; L'ESC, ISCOM. Ed. Pointe-Noire, le 29 mai 2003.

(A), également il y a des créances qui sont déclarées, mais qui ne produisent aucun effet d'où la notion de caducité (B).

A- Les effets proprement dits des actes inopposables au créancier chirographaire antérieur

192. Les effets juridiques résultant de l'inopposabilité des droits indiqués ci-dessus, ont pour but d'invalider totalement la créance vis-à-vis de l'union des créanciers antérieurs.

193. Mais il faut rappeler qu'en procédures collectives tel n'est pas le cas. Dans la plupart des cas, l'inopposabilité ne va pas invalider totalement la créance, même vis-à-vis de la masse.

Le créancier pourra produire à titre chirographaire et participer aux distributions des dividendes avec les autres créanciers chirographaires dans la masse, conformément aux dispositions de l'article 86-2 de l'Acte uniforme relatif aux procédures collectives d'apurement du passif : « le créancier dont seule la sûreté est contestée est admis, provisoirement, à titre chirographaire ». À titre d'exemple :

- Dans le cas de paiement de dettes non échues ou de dettes échues par des procédés anormaux, le créancier payé rend ce qu'il a reçu comme paiement et produit pour être dans la masse ; son paiement intégral deviendra partiel. Il en est de même des paiements rendus inopposables à titre facultatif et des reports prévus en cas de lettre de change, de billet à ordre ou de chèque ;
- Dans le cas de constitution de sûreté pour la garantie de dettes antérieures, la sûreté seule est invalidée : le créancier devient chirographaire. C'est la même solution pour toutes les inscriptions inopposables.

194. En revanche, pour les libéralités rendues inopposables, le bénéficiaire rend ce qu'il a reçu, mais ne peut pas participer dans la masse aux distributions de dividendes. On estime qu'il n'est pas à protéger autant que les créanciers, car il lutte de *lucro captando,* c'est-à-dire pour conserver un gain, tandis que les créanciers luttent de *damno vitando,* c'est-à-dire pour éviter une perte.

195. D'autres cas de révision des droits des créanciers se produisent en dehors des inopposabilités qui n'intéressent point.

196. Certes, l'examen des effets des inopposabilités est important, et il a décrit ce qu'une créance déclarée inopposable peut devenir.

Il ne faut pas perdre de vue qu'il y a une autre situation juridique qui peut encore compromettre l'existence des créances chirographaires antérieures (B).

B- La caducité des actes inopposables aux créanciers chirographaires

197. La caducité des actes inopposables aux créanciers chirographaires suppose que les actes posés par le débiteur n'ont pas été contestés par le créancier chirographaire antérieur. C'est-à-dire le droit accordé au créancier chirographaire de s'opposer à certains actes du débiteur n'a pas été exercé. On suppose qu'il a renoncé à la contestation de ces actes. En fait se sont des actes dont leurs inopposabilités peuvent être soulevées par le créancier chirographaire antérieur. Elle est laissée à la diligence du créancier, s'il juge nécessaire, il la soulève, au contraire il l'abandonne. Ce dernier choix rend le droit d'inopposabilité du créancier chirographaire antérieur caduc.

198. L'inopposabilité dont il s'agit ici, est celle facultative. Il faut rappeler que son exercice profite à l'union des créanciers chirographaires et garantis antérieurs au jugement d'ouverture de la procédure collective.

En clair, le créancier chirographaire a un droit dont la jouissance est facultative, qui lui permet de s'opposer à certains actes bien définis, pris par le débiteur en cessation des paiements. Le non-exercice de ce droit donne une validité auxdits actes du débiteur pour être opposables à la masse des créanciers. En l'occurrence il s'agit bien des actes énumérés ci-haut[65].

199. L'acte passé par le débiteur en cessation des paiements à titre gratuit peut être frappé d'inopposabilité, donc est privé d'effet lorsque le créancier chirographaire s'y oppose, s'il ne s'y oppose pas l'acte reste valable. Par conséquent son droit d'inopposabilité devient caduc.

200. En cas de sous-aliénation à titre gratuit, le sous-acquéreur, même de bonne foi, est soumis à l'inopposabilité facultative et au rapport du bien ou au paiement de sa valeur, à moins que le bien ait disparu de son patrimoine par suite d'un cas de force majeure (un événement irrésistible et imprévisible[66]). Mais, si le créancier ne réagit pas, c'est qu'il a désisté à l'exercice de ce droit.

201. Les actes déclarés inopposables doivent être exhibés par le créancier chirographaire qui doit produire au

[65] Il s'agit des actes inopposables abordés dans premier paragraphe de la seconde section.

[66] Selon le dictionnaire du droit privé, de Serge Braudo ; Conseiller honoraire à la Cour d'appel de Versailles éd. 1996 et rééd. 2017, Arrêt de la première chambre civile de la Cour de cassation du 06 nov 2002 ; (Sté Clio Voyages Culturels c/ T : Juris-Data n°016221 et 1ère Civ- 30 oct. 2008, BICC n°697 du 1er mars 2009).

passif du débiteur en cessation des paiements, sinon il est sans effet. La sanction d'un acte déclaré caduc est la caducité.

CONCLUSION DE LA PREMIÈRE PARTIE

204. Au terme de la présente analyse articulée autour des créanciers chirographaires antérieurs au jugement d'ouverture de la procédure collective, un constat général s'impose.

205. De cette étude, on tire la conséquence qu'il n'existe pas un régime juridique choisi pour réaliser le patrimoine du débiteur en état de cessation des paiements entre les créanciers chirographaires antérieurs au jugement d'ouverture de la procédure collective, mais entre ces derniers et les créanciers garantis, c'est le régime classique qui s'impose à tous les créanciers.

206. Dans cette étude, on a démontré les droits et les obligations des créanciers chirographaires antérieurs au jugement d'ouverture de la procédure collective.

207. Parmi ces droits, il y a celui d'égalité dans les procédures. Sur ce principe, il s'est avéré que l'égalité entre les créanciers chirographaires antérieurs et les créanciers garantis antérieurs, n'est qu'une formalité[67]. En réalité, ils n'ont pas les mêmes droits, mais ils ont les mêmes obligations.

---

[67] COLLIN (G.), GUILLERAT (J.C.) et MOUNIER (B), *L'égalité des créanciers dans les procédures collectives.*

208. Pour illustrer le paragraphe précédent, il faut rappeler qu'ils ont pour obligations communes résultantes des dispositions de l'article 78 et suivant de l'AUPC, qui imposent à tous les créanciers antérieurs sans distinction aucune de déclarer leurs créances, de se constituer en masse des créanciers, de soumettre leurs créances à la vérification, etc.

209. Ils n'ont pas les mêmes droits en ce sens que les créanciers garantis sont privilégiés et les créanciers chirographaires antérieurs ne le sont pas. En cas de paiement sur les deniers du débiteur en état de cessation des paiements, les créanciers privilégiés doivent être payés avant les créanciers chirographaires, conformément aux dispositions des articles 166 et 167 de l'Acte uniforme portant procédure collective d'apurement du passif (AUPC), des articles 324, 325, 326 du code du recouvrement et voies d'exécution de 2023, et des articles 224 à 226 de l'Acte uniforme portant sûreté (AUS).

210. Contrairement à ceux qui pensent que, le créancier chirographaire antérieur est perdu, et ne peut prétendre à rien, il faut noter qu'au-delà de ses obligations et sa situation fragile par rapport aux créanciers garantis ou privilégiés, il a quand même des droits, et sa créance n'est pas totalement perdu.

211. Parmi les droits du créancier chirographaire antérieur, il y a celui de saisir la juridiction compétente afin d'ouvrir une procédure collective contre le débiteur en état de cessation des paiements, d'exercer les voies de recours contre le jugement d'ouverture conformément à l'article 22 de l'AUPC. Il peut contester l'admission de toute créance infondée, voire même s'opposer à l'ordonnance du juge-commissaire portant admission des créances[68].

212. Le créancier chirographaire peut, en outre, être désigné comme un des contrôleurs du déroulement de la procédure collective. Il peut enfin contester les actes du débiteur qui lui sont inopposables, et lorsqu'il est victime d'un cas d'omission, il dispose des voies de recours en l'occurrence l'opposition.

213. Quant au paiement de sa créance, les dispositions ci-dessus citées lui donnent le droit d'être payé en dernière position.

214. Les efforts entrepris par certains pays membres de l'OHADA en vue de réguler les procédures collectives sont encourageants bien qu'ils demeurent encore insuffisants pour une meilleure pratique. C'est le cas au Sénégal, au Mali, au Cameroun, au Burkina Faso, en Guinée, etc.

215. Pour le cas de la Guinée-Conakry, on peut citer le jugement d'ouverture N° 026 du 05 mai 2016, rendu par le tribunal de première instance de Kaloum-Conakry. Une affaire économique (Redressement judiciaire) qui opposait la Société TROPIKA VOYAGE-SARL, SYLLA-SARL, GUINÉE DISTRIBUTION et quatre (4) autres demandeurs contre la Société FORECARIAH GUINEE MINING-SA dans laquelle les droits des créanciers chirographaires ont été reconnus et protégés.

216. C'est le cas aussi de l'affaire de SOTELGUI, dans laquelle la déclaration des créanciers chirographaires et garantis résidents dans les délais légaux a été faite dans le respect de la procédure collective. Cette liste a été

[68] Voir les dispositions de l'article 40 de l'AUPC du 24 décembre 2015.

définitivement arrêtée et validée après l'examen des informations liées aux déclarations de créances parues au journal d'annonces légales sous le N° 170 du 23 mai 2016.

217. Il faut enfin, noter que dans l'affaire de SOTELGUI, les créanciers chirographaires antérieurs et garantis bénéficient paritairement d'un même droit de représentation par un collège de syndics[69].

218. À rappeler que la situation de BADAM est en cours, on n'a pas encore arrêté la liste définitive des créanciers en général et celle des créanciers chirographaires antérieurs en particulier.

219. Alors, il convient de se demander si les créanciers chirographaires antérieurs bénéficient des mêmes droits et répondent aux mêmes obligations que les créanciers chirographaires postérieurs au jugement d'ouverture de la procédure collective.

---

[69]L'organe de syndic composé de Me. Séréba Mory KANTE (avocat au Barreau de Guinée), M. Alpha Kabiné CISSE (Président de l'ordre des experts comptables de Guinée) et M. Bachir TOURE (expert-comptable). Dans cette procédure, il y a 126 créanciers inscrits au total qui réclament le paiement d'une somme de 71. 015. 355. 470 GNF.

SECONDE PARTIE

Les créanciers chirographaires postérieurs au jugement d'ouverture de la procédure collective

220. L'Acte uniforme portant organisation des procédures collectives d'apurement du passif de 2015, impose la constitution de la masse des créanciers dès le prononcé du jugement d'ouverture de la procédure collective, pour ceux dont la créance chirographaire avait son origine antérieure au jugement.

221. Les créanciers chirographaires postérieurs, par opposition aux créanciers chirographaires antérieurs, relèvent d'une catégorie d'exception. En clair, dès l'ouverture de la procédure collective, les créanciers antérieurs sont soumis à la discipline collective, a contrario les créanciers postérieurs y échappent. Les créances chirographaires déclarables, sont celles qui sont nées au moment de la période d'observation ou après le jugement d'ouverture de la procédure collective. Ainsi, on affirme qu'à cette phase seule le créancier chirographaire postérieur peut déclarer sa créance.

222. Aucun créancier chirographaire, dont la créance a son origine antérieure au jugement d'ouverture du redressement judiciaire ou de liquidation des biens[70], et même au cas où l'exigibilité de cette créance interviendrait après ledit jugement, ne peut prétendre avoir une créance sur la masse.

223. En dépit du critère distinctif basé essentiellement sur « l'origine »[71], on peut noter que la créance chirographaire postérieure au jugement d'ouverture peut être déterminée à partir de sa « naissance » [72] aussi.

224. Après le jugement d'ouverture, il peut y avoir les dettes chirographaires occasionnées par le besoin du déroulement de la procédure ou de la période d'observation, en contrepartie de la prestation de service fournie au débiteur pour son activité, à l'occasion d'un contrat de la vie courante ou à l'occasion de la prestation d'un service étranger à la profession du débiteur. À souligner que ces créances chirographaires postérieures au jugement d'ouverture méritent un examen préalable avant de les payer.

225. L'étude de la question des créances postérieures montre que les créances chirographaires postérieures donnent une prérogative aux créanciers chirographaires dans les procédures collectives, à savoir de déclarer leurs

---

[70] La décision de liquidation des biens rend d'office toutes les créances chirographaires exigibles.

[71] Le critère fondé sur l'origine de la créance chirographaire se rapporte à la nature juridique de la créance. Il s'agit de savoir, si la créance est née dans le cadre de l'activité professionnelle du débiteur ou non.

[72] Le critère fondé sur la naissance de la créance se rapporte à la date de naissance, c'est-à-dire, la créance chirographaire sera considérée comme postérieure, lorsqu'elle est née après le jugement d'ouverture ou pendant la période suspecte.

créances (chapitre I). Par ailleurs, l'analyse de la déclaration des autres créances et la collocation sur les deniers du débiteur de la procédure collective seront abordées (chapitre II), cela permet d'avoir une compréhension complète du sujet.

CHAPITRE I
LA DÉCLARATION DES CRÉANCES CHIROGRAPHAIRES APRÈS LE JUGEMENT D'OUVERTURE

226. La notion de créance chirographaire postérieure était uniquement chronologique, comme son nom l'indique, la date de naissance de la créance devait se situer postérieurement au jugement d'ouverture de la procédure collective.

227. Quand l'entreprise débitrice est déclarée en état de cessation des paiements, elle n'arrête pas de travailler dans certains cas. La juridiction compétente peut ordonner la poursuite de ses activités sous la supervision et le contrôle du syndic et les autres organes de contrôle[73]. Ce qui veut dire qu'elle peut valablement conclure de nouveaux contrats soit pour assurer la continuité du service de l'entreprise suivant les textes de l'AUPC[74], en tenant compte de la nature de ces créances chirographaires, elles peuvent être qualifiées de créances postérieures méritantes ou régulières (section I), soit elle passe ou elle a passé des contrats qui n'entrent pas dans les recommandations des textes régissant les procédures collectives. En pareille occurrence, elles peuvent être

---

[73]Voir les dispositions des articles 112 et suivants de l'AUPC du 24 décembre 2015.

[74] Voir les dispositions des articles 115 et suivants de l'AUPC du 24 décembre 2015.

qualifiées de créances postérieures non méritantes ou irrégulières (section II).

Section I : Les créances chirographaires postérieures méritantes ou régulières

228. Selon les dispositions de l'article 117 de l'AUPC toutes les dettes nées régulièrement, après la décision d'ouverture, de la continuation de l'activité et de toute activité régulière du débiteur ou du syndic sont des créances de la masse, sauf celles nées de l'exploitation du locataire-gérant qui restent exclusivement à sa charge sans solidarité avec le propriétaire du fonds.

229. La créance chirographaire postérieure peut consister, notamment, d'un nouvel apport en trésorerie ou sous forme de nouveau bien ou service dans les conditions de l'article 33-1 de l'AUPC ainsi que le montant de l'apport ou la valeur du bien ou du service[75].

Il faut déterminer la nature et les conditions d'existence de ses créances (paragraphe I) avant d'analyser le sort réservé auxdites créances (paragraphe II).

Paragraphe I : La nature et les conditions d'existence des créances

230. Pour la détermination de la nature des créances chirographaires postérieures, il faut partir du mécanisme de la formation du contrat qui lie l'entreprise débitrice et le créancier chirographaire. La créance chirographaire postérieure peut naître d'un contrat (A), tout comme elle peut naître de la loi (B).

---

[75] Voir l'article 27 AUPC du 24 décembre 2015.

C- La créance chirographaire postérieure résultant d'un contrat

231. Pour que la créance résulte d'un contrat, il faut que l'entreprise débitrice manifeste sa volonté de contracter avec un créancier dans le but d'assurer la poursuite de ses activités. Pour ce faire, le créancier et le débiteur vont nouer un contrat judiciaire sous le contrôle de la juridiction compétente. Ce contrat peut ne pas être assorti d'une garantie de paiement.

232. En France, le législateur précise, en matière de liquidation judiciaire et de redressement judiciaire, les critères applicables ou les conditions pour bénéficier du statut de créancier chirographaire postérieur ; la créance doit non seulement être chronologiquement postérieure au jugement d'ouverture de la procédure, mais elle doit :

— être née pour les besoins du déroulement de la procédure ou du maintien provisoire de l'activité autorisée[76];
— ou être née en contrepartie d'une prestation fournie au débiteur pendant le maintien de l'activité ou en exécution d'un contrat en cours décidée par le liquidateur ; à noter que cette prestation fournie par le créancier chirographaire dans cette hypothèse n'est pas considérée comme un contrat de travail.

233. Les créances chirographaires chronologiquement postérieures qui ne remplissent pas ces critères sont rétrogradées au rang de créance chirographaire antérieure

[76] Voir le code de commerce Français en application de l'article L. 641-10.

et doivent être déclarées au passif dans les deux (2) mois de leur exigibilité[77].

D- La créance chirographaire postérieure résultant de la loi

234. On sait désormais que si l'on est créancier chirographaire ou débiteur postérieur au jugement d'ouverture c'est certainement parce qu'on l'a voulu, (à son initiative ou à celle du liquidateur). Ce qu'il faut savoir maintenant, c'est qu'on peut être créancier chirographaire ou débiteur sans l'avoir voulu, mais parce que la loi l'a voulu. Donc, à côté de l'obligation contractuelle, il y a celle légale, c'est-à-dire les situations de fait auxquelles la loi attache des effets de droit en rendant l'entreprise en cessation des paiements du créancier chirographaire postérieur.

235. Ces obligations peuvent être rangées dans deux rubriques. La première est la plus importante, elle renvoie à l'hypothèse de la responsabilité civile, c'est-à-dire l'obligation de réparation mise à la charge de l'entreprise en cessation des paiements pour un dommage causé aux tiers, qui deviennent les créanciers chirographaires du débiteur (1). La seconde rubrique se trouve dans le Code civil guinéen, sous un vocable générique : la gestion d'affaires (2).

1- La créance résultant d'un préjudice réparable

236. À partir de l'ouverture de la procédure collective contre une entreprise, on doit avoir connaissance de l'ensemble des dettes qu'elle paye. Mis à part la liquidation

[77] Voir l'article L622-24 du code de commerce Français.

des biens, le jugement d'ouverture du redressement judiciaire ne met pas fin aux activités de l'entreprise. Elle peut donc poursuivre ses activités ordinaires, à l'occasion desquelles, il peut arriver qu'elle cause dommage aux tiers ou à ses certains de ses employés, soit de façon directe, soit de façon indirecte.

237. L'hypothèse dans laquelle un tiers est victime d'un accident de circulation causé par un véhicule de l'entreprise, ce tiers ou cet employé n'ayant déposé aucune somme à ladite entreprise sous forme de dette, mais cette dernière se verrait tenue à la réparation d'un dommage, donc le paiement d'une somme d'argent au tiers.

238. À noter que, la victime a l'option entre la voie du droit commun[78] et celle des procédures collectives c'est-à-dire s'ajouter aux créanciers dudit débiteur. Lorsqu'elle opte pour les procédures collectives, elle aurait la qualité de créancier chirographaire postérieur.

2- La créance résultant de la gestion d'affaires

239. La gestion d'affaires peut être définie schématiquement comme l'immixtion d'un tiers dans les affaires d'autrui, dans l'intérêt de ce dernier. En pareille occurrence, c'est le créancier chirographaire qui intervient nécessairement dans des affaires du débiteur déclaré en cessation des paiements. C'est ce que traduit de façon plus précise l'article 157 du code des obligations civiles et commerciales (COCC) sénégalais qui dispose : « *Celui qui, spontanément, administre utilement l'affaire d'autrui sans l'opposition du maître de l'affaire, est tenu de poursuivre*

---

[78] Voir les dispositions des articles 1098 du code civil Guinéen et 1382 du code civil Français.

sa gestion jusqu'à ce que le maître de l'affaire ou ses héritiers puissent y pourvoir... »[79].

À rappeler que les dispositions des articles 289, 587, 730, 790, 1112 et suivants du Code civil guinéen de 2019 qui ont remplacé les dispositions des articles 1089 et suivants de l'ancien Code civil expliquent les conditions de la gestion d'affaires avec une tentative de définition. À rappeler que l'ancien Code civil ne lui avait pas donné de définition précise non plus.

240. Dans le même ordre d'idées, le Code civil guinéen dispose d'une manière interprétative, que si le débiteur se trouve hors d'état de manifester sa volonté, un tiers créancier peut se faire habiliter par la justice à le remplacer, d'une manière générale ou pour certains actes particuliers.

Les conditions et l'étendue de cette représentation sont fixées par le juge.

À défaut de pouvoir légal, de mandat ou d'habilitation par la justice, les actes faits par le tiers créancier en représentation du débiteur sans pouvoir de celui-ci ont effet à l'égard de ce dernier, dans la mesure déterminée par les règles sur la gestion d'affaires[80].

241. Une fois l'entreprise débitrice déclarée en état de cessation des paiements et placée sous contrôle judiciaire, il peut être opportun qu'un tiers pose volontairement et par nécessité des actes susceptibles de sauver l'entreprise. Il peut arriver que le tiers fasse des dépenses personnelles pour sauver l'entreprise en l'absence de tout contrat exprès. (Par exemple des parents ou des amis d'une commerçante

---

[79] Le contenu des dispositions de l'article 157 du COCC (code des obligations civile et commerciale du Sénégal, annoté, textes nationaux et internationaux de l'OHADA intégrés, EDJA 2004.

[80] Voir les dispositions de l'article 326 du code civil de Guinée.

personne physique, ou encore la société mère qui paye les dettes de sa filiale en cessation des paiements).

Ces dépenses ou tout autre acte doivent être susceptibles d'entrer dans le champ d'activité de l'entreprise en cessation des paiements. La relation qui lie le créancier chirographaire postérieur au débiteur est qualifiée en droit français d'un quasi-contrat, on peut aussi le qualifier d'un « presque contrat », puisqu'il aboutira au remboursement du créancier chirographaire postérieur. Pour que le créancier soit remboursé, il faut qu'il remplisse certaines conditions.

242. Le Professeur Isaac Yakouba N'DIAYE[81] du Sénégal pose quelques conditions au créancier chirographaire : « *Pour que ses actes relèvent de la gestion d'affaires, il doit être totalement animé par une* ***intention altruiste,*** *une intention désintéressée. Son intervention doit avoir été* ***utile et nécessaire.*** *Il doit être* ***persévérant et diligent*** *dans sa gestion.* »

Lorsque toutes ces conditions sont réunies par le tiers créancier, il pourra lui être demandé de faire la reddition des comptes ; c'est-à-dire déclarer sa créance.

Cette créance étant née après le jugement d'ouverture de la procédure collective et n'ayant aucune garantie particulière de paiement, sera déclarée dans le rang des créances chirographaires postérieures.

En définitive, les créances chirographaires résultant de la gestion d'affaires sont traitées de la même manière que celles résultant du paiement de l'indu et de l'enrichissement sans cause conformément aux dispositions des articles 1115, 1116, 1207 et suivants du Code civil de 2019

[81] Pr. Isaac Yakouba N'DIAYE, agrégé des Faculté de droit au Sénégal, *Manuel de Cours de droit des Obligations*, éd. 2004, lors d'une mission d'enseignement en Guinée à l'Université Gamal Abel Nasser.

et les dispositions des articles 1093 et suivants de l'ancien Code civil guinéen.

Paragraphe II : Le sort des créances chirographaires postérieures méritantes et régulières

243. Le sort que le droit de l'OHADA réserve aux créances chirographaires postérieures se trouve dans l'intitulé lui-même. Ce sont des créances qui sont « régulières » donc, qui méritent d'être payées à l'échéance.

Ainsi, en droit positif français[82] « *les créances chirographaires nées régulièrement après le jugement d'ouverture pour les besoins du déroulement de la procédure ou de la période d'observation, ou en contrepartie d'une prestation fournie au débiteur pendant cette période sont payées à leur échéance* [83] ».

244. À défaut de paiement à l'échéance, ces créances bénéficieront du privilège de procédures, c'est-à-dire un traitement préférentiel.

Il y a trois conditions pour que la créance bénéficie du privilège en droit français[84].

Tout d'abord, la créance doit être née postérieurement au jugement d'ouverture.

La créance chirographaire doit être régulière et méritante. Cela signifie que celui qui a passé l'acte ayant donné naissance à cette créance avait le pouvoir de passer un tel acte. Lorsque le débiteur est dessaisi, il ne pourra que

---

[82] Selon l'article L622-17 du Code de commerce applicable à la sauvegarde et au redressement judiciaire.

[83]Selon le droit commun, l'échéance des créances résultantes de la gestion d'affaires s'apprécie à partir de la reprise des affaires par le débiteur, et elle s'apprécie pour les autres actes involontaires dès la survenance des faits. Exemple l'accident de circulation rend exigible la créance qui couvre la réparation du dommage.

[84] Institué par l'article L 622-17 du Code de commerce.

passer par l'administrateur ou le liquidateur. Si l'acte est conclu au mépris des règles des procédures collectives, cet acte est inopposable à la procédure[85]. Une fois, la Cour de cassation française a, de nouveau, statué sur le critère de la régularité de la créance postérieure en général. Dans cette affaire, une société, au jour du prononcé du redressement judiciaire à son encontre avait donné ordre à sa banque de transférer depuis son compte courant une somme sur un autre compte ouvert à son nom dans une autre banque. La banque ignorant l'ouverture de la procédure a exécuté l'ordre de virement.

245. Le compte devenu débiteur, la banque a demandé la restitution de la somme versée. L'administrateur de la banque, après avoir donné son accord pour que la seconde banque reverse les fonds litigieux à la première, s'est ravisé à la suite et a consigné les fonds reçus à la Caisse des dépôts et consignations. La banque a assigné ce dernier en paiement de la somme.

246. Selon la Cour de cassation, la créance était irrégulière. En effet, en demandant à l'administrateur de ratifier l'acte de restitution, cela signifiait qu'elle reconnaissait que l'ordre de virement ordonné par la société en cessation des paiements était irrégulier[86]. Ainsi, la banque ne pouvait se prévaloir du privilège du paiement à échéance de l'article L 622-17 du code de commerce.

247. Enfin, la créance doit être née pour le déroulement de la procédure ou de la période d'observation, ou en

---

[85] Cour de cassation (Cass. Com 4 février 1992. N° de pourvoi : 90-15977).

[86] Voir l'arrêt de référence rendu par la Cour de cass. ch com. 5-7-2005 n° 04-13.255 : http://www.conseil-juridique.net/joan-dray/avocat-1647.htm

contrepartie d'une prestation fournie au débiteur pendant cette période.

« Le déroulement de la procédure » : signifie que si la procédure n'avait pas été ouverte, ces créances ne seraient pas nées.

« En contrepartie d'une prestation fournie au débiteur pendant cette période » : implique que la créance résultant d'une prestation fournie au débiteur.

Il faut rappeler que selon la Cour de cassation, c'est au créancier chirographaire de prouver que sa créance est née régulièrement[87] donc, de façon méritante.

Section II : Les créances chirographaires postérieures non méritantes et irrégulières

248. La créance chirographaire postérieure non méritante est la créance chirographaire certes née régulièrement, mais elle ne bénéficie pas de traitement préférentiel, quant aux créances chirographaires postérieures irrégulières, ce sont des créances qui bien que nées postérieurement au jugement d'ouverture de la procédure collective, ne respectent pas les critères d'une créance chirographaire ordinaire[88]. Elles sont considérées mal nées, donc elles ne méritent pas d'être admises dans la masse.

Elles sont toujours déclarées après le jugement d'ouverture. Il faut noter qu'elles sont considérées dans la masse comme des créances contestables, ne devant pas être déclarées.

---

[87] Selon la Cour de cassation dans sa chambre commerciale, 3-2-2009 n° 07-11.430.

[88] La créance chirographaire ordinaire est celle dont le débiteur ne pas doit contester dans sa nature et, elle est opposable à la masse des créanciers de la procédure.

249. L'indignité de la créance chirographaire suscite beaucoup de questions. Pour lever l'équivoque et définir clairement leur situation dans les procédures collectives, il conviendrait d'étudier la notion des créances chirographaires postérieures non méritantes et irrégulières (paragraphe I), et déterminer ensuite le sort de ces créances (paragraphe II).

Paragraphe I : La notion des créances chirographaires postérieures non méritantes et irrégulières

250. Pour une meilleure compréhension de la notion de ces créances, il apparaît nécessaire d'aborder distinctement les créances postérieures non méritantes (A), et celles postérieures irrégulières (B).

A- La créance chirographaire postérieure non méritante

251. La créance chirographaire non méritante dans une procédure collective avec l'absence d'un régime clairement réglementé en droit positif de l'OHADA sera difficilement traitée dans les procédures. Pour preuve, les créances concernées souffrent de l'absence de traitement par préférence (1) qui rend opportune la recherche de la règle applicable (2).

1- L'absence de traitement préférentiel

252. Le traitement préférentiel est un droit privilégié accordé par l'AUPC à certains créanciers en raison de leur rang et en raison de la nature de leur contrat avec le débiteur en procédure collective.

En l'état actuel du droit de l'OHADA, l'AUPC maintient le droit de privilège en faveur des créanciers titulaires de garanties. La question reste posée sur la situation des créanciers chirographaires. Ce qui signifie qu'un créancier muni de sûretés peut s'abstenir de produire sa créance avant le jugement d'ouverture de la procédure collective et le faire après le jugement d'ouverture, d'où l'appellation créance contre la masse. L'AUPC laisse entendre que le traitement préférentiel joue en faveur des créanciers chirographaires munis d'un titre exécutoire au détriment de ceux non munis de titre exécutoire. En gros, il faut rappeler que le traitement préférentiel veut dire que certains créanciers sont préférés à d'autres dans l'ordre de paiement.

253. Tout créancier chirographaire postérieur ou garanti ayant déclaré une créance postérieure au jugement d'ouverture considérée comme non méritante ne doit pas être traitée par préférence.

254. Sans remettre en cause les textes législatifs communautaires du droit de l'OHADA y relatifs, il serait souhaitable d'attirer l'attention du législateur sur la question.

La règle s'applique à tous les créanciers de la procédure, c'est-à-dire, les créances postérieures méritantes ont un privilège sur les créances antérieures méritantes, mais le créancier chirographaire qui sait que sa créance est postérieure et non méritante, ne doit pas prétendre obtenir paiement par préférence. Le droit du créancier garanti se ramifie comme celui du créancier dont seule la sûreté est contestée, mais la créance est admise, provisoirement à titre chirographaire[89].

255. La limitation des droits préférentiels ou privilégiés des créanciers postérieurs garantis joue en faveur des créanciers chirographaires munis d'un titre exécutoire. Selon les dispositions des articles 166 et 167 AUPC, en cas de partage, les créanciers chirographaires munis d'un titre exécutoire ont un avantage sur les créanciers chirographaires non munis d'un titre exécutoire.

256. Il est important de préciser que le créancier chirographaire muni d'un titre exécutoire, comme prévu par la loi, devra perdre le privilège d'être payé sur la totalité de sa créance[90] à chaque fois que la créance chirographaire est née postérieurement au jugement d'ouverture. Il peut être payé pour la créance antérieure et non celle postérieure même étant muni d'un titre exécutoire. Pour ce faire, il faut qu'un autre créancier requérant signale le mal fondé de sa créance à la juridiction compétente. La juridiction compétente peut également le soulever d'office.

257. Une fois contestée, le syndic en avise, d'une part, le juge-commissaire et, d'autre part, le créancier ou le revendiquant concerné par pli recommandé avec accusé de réception ou par tout moyen laissant trace écrite. Cet avis doit préciser l'objet et le motif de la discussion ou de la contestation. Le montant intégral de la créance chirographaire, dont l'admission est proposée, doit être contenu dans la demande de la déclaration.

---

[89]Voir les dispositions de l'article 86 alinéa 2 de l'Acte uniforme portant procédures collectives d'apurement du passif.

[90]Il s'agit des créances chirographaires antérieures et postérieure au jugement d'ouverture de la procédure collective.

258. Le créancier ou le revendiquant a un délai de quinze (15) jours à compter de la réception de cet avis pour fournir ses explications écrites ou verbales au juge-commissaire.

Passé ce délai, il ne peut plus contester la proposition du syndic. Ce délai est de trente (30) jours pour les créanciers chirographaires non munis d'un titre exécutoire domiciliés hors du territoire national où la procédure collective a été ouverte.

259. Toutes créances non méritantes seraient soit, frappées d'irrecevabilité soit, dépourvues de tout droit de traitement préférentiel. La question qui reste posée est celle de la règle applicable à ces créances non méritantes.

2- La règle applicable aux créances chirographaires postérieures non méritantes

260. Les créances chirographaires non méritantes sont considérées comme des créances nées après le jugement d'ouverture, mais pas « pour les besoins du déroulement de la procédure, ni de la période suspecte ou d'observation, ni encore en contrepartie d'une prestation fournie au débiteur pendant cette période ». En clair, il s'agit des créances qui ne sont pas expressément traités par l'Acte uniforme organisant les procédures collectives.

261. En raison du silence du législateur OHADA sur la question, on peut estimer que les règles applicables aux créances chirographaires non méritantes sont les règles de forme des procédures collectives en droit de l'OHADA. C'est-à-dire les articles de l'AUPC relatifs à la forme des procédures, notamment : la recevabilité des créances non méritantes, la saisine de la juridiction compétente (…)[91].

---

[91] Voir les articles 1-3, 2, 6, 24, 28, 78 de l'AUPC du 24 décembre 2015.

262. S'agissant des règles de fond qui leur sont applicables, doivent être cherchées dans le droit positif interne de chaque État parti au traité OHADA. Il est aussi possible que le législateur OHADA, s'inspire du code commercial adopté par son homologue français.

263. S'agissant de la recherche des règles de fond, le droit positif guinéen a opté pour une solution simple en matière de « dette civile », que la dette soit chirographaire ou non, on a la faculté de recours aux textes du droit commun pour trancher le litige. En clair, le Code civil propose une solution. Ce litige sera donc qualifié de « procédure individuelle. »

Qu'en est-il des créances chirographaires irrégulières après le jugement d'ouverture de la procédure collective ?

B- La notion des créances chirographaires postérieures irrégulières

264. La créance chirographaire est irrégulière lorsqu'elle ne remplit pas les critères ordinaires de naissance des créances, et la procédure de déclaration des créances dans les procédures collectives. La notion des créances chirographaires postérieures irrégulières est complexe. Pour sa compréhension, il sera nécessaire d'établir une distinction entre les créances postérieures irrégulières et les créances postérieures non méritantes (1), avant de déterminer le contenu des premières (2).

1- La distinction entre les créances chirographaires postérieures non méritantes et celles irrégulières

265. Une distinction s'impose entre les créances nées régulièrement après le jugement d'ouverture ne bénéficiant pas du traitement préférentiel et les créances postérieures nées irrégulièrement après le jugement d'ouverture dépourvue de tout traitement préférentiel.

266. En effet, la première catégorie de créances est née régulièrement, c'est-à-dire conformément aux règles de partage des pouvoirs[92] entre le débiteur et les organes des procédures collectives, après le jugement d'ouverture, contrairement à la seconde catégorie qui est, quant à elle, née irrégulièrement, donc au mépris des principes du partage des pouvoirs, après le jugement d'ouverture. En clair, la créance chirographaire non méritante est née régulièrement, mais elle ne bénéficie pas de traitement préférentiel, quant à la créance chirographaire irrégulière, elle est mal née donc elle ne mérite pas d'être admise dans la masse.

267. Cette distinction permet d'asseoir le caractère primordial du critère organique de la naissance des créances postérieures dans la mesure où l'acceptation des créances chirographaires postérieures irrégulières au titre du bénéfice du traitement de faveur aurait pour conséquence de pervertir l'objectif principal de ce traitement et consistera en une accumulation de créances illégalement nées venant se greffer au passif du débiteur.

268. Après avoir établi la distinction entre les créances chirographaires postérieures non méritantes et celles postérieures irrégulières, il est question de déterminer le contenu des créances chirographaires irrégulières (2).

---

[92]Le partage de pouvoirs explique les différents rôles joués par le créancier, le débiteur, le syndic et l'organe de contrôle dans le déroulement des procédures collectives.

2- La détermination du contenu des créances chirographaires postérieures irrégulières

269. Conformément à l'Acte uniforme relatif aux procédures collectives d'apurement du passif, la catégorie des créances postérieures irrégulières couvre en droit de l'OHADA les créances hors la masse, telles que prévues en droit positif communautaire.

270. En droit de l'OHADA, la créance chirographaire hors la masse de l'AUPC couvre deux types de créances. Il s'agit d'une part, de la créance née antérieurement au jugement d'ouverture, mais hors la masse et d'autre part, la créance née postérieurement au jugement d'ouverture, mais hors la masse.

271. Les créances antérieures hors la masse concernent les créances frappées d'inopposabilité, d'une part, et d'autre part, les créances antérieures qui n'ont pas été produites au passif dans les délais légaux et qui, par conséquent, sont forcloses sans qu'une demande de relevé de forclusion[93] n'ait été introduite dans le délai prescrit.

272. Quant aux créances postérieures hors la masse, elles concernent toutes les créances nées certes, après le jugement d'ouverture, mais au mépris des règles de partage des pouvoirs entre le débiteur et le syndic. En d'autres termes ce sont des créances nées du chef du débiteur en redressement judiciaire sans l'assistance obligatoire du syndic ou encore celles nées du chef du débiteur en liquidation des biens alors qu'il est dessaisi et doit être représenté par le syndic exclusivement. De ce fait, la détermination de leur sort reste indispensable.

---

[93]Voir paragraphe de la première section, il y a un formulaire de demande de relevé de forclusion.

273. En comparaison avec le droit positif français, la détermination du contenu des créances postérieures irrégulières a été facilitée par une décision de la Cour d'appel de Paris du 19 janvier 2006[94].

274. La nature juridique des créances postérieures irrégulières étant définie, il reste à déterminer le sort desdites créances.

Nonobstant cette souffrance que doivent subir ces créances, il faut noter que dans la pratique, les créanciers continuent à produire les créances postérieures non méritantes et irrégulières dans les différentes procédures collectives dans l'espace OHADA. Alors, se pose la question de savoir, quel est le sort réservé à ces catégories de créances ?

Paragraphe II : Le sort des créances chirographaires postérieures non méritantes et irrégulières

275. Dans ce paragraphe, on étudiera le sort réservé aux créances chirographaires non méritantes postérieures au jugement d'ouverture de la procédure collective (A), sans omettre celui réservé aux créances chirographaires irrégulières postérieures au jugement d'ouverture de la procédure collective (B).

---

[94]En l'espèce, il s'agissait d'un débiteur en liquidation judiciaire, donc dessaisi, qui a émis un chèque sans provision. Il ressortait de cette situation, en l'occurrence, que le titre exécutoire ne pouvait pas donner naissance à une créance régulière et, de ce fait, les inscriptions d'hypothèques prises en vertu de ce titre exécutoire étaient elles-mêmes frappées d'inopposabilité aux procédures collectives.

C- Le sort des créances chirographaires postérieures non méritantes

276. Les créances chirographaires postérieures non méritantes sont traitées de manière différente par rapport aux créances chirographaires postérieures méritantes (1), ce traitement différencié sera favorisé par le recours à la situation des créances chirographaires antérieures au jugement d'ouverture de la procédure collective (2).

1- Le traitement différencié des créances dans les procédures collectives

277. Les créances ou dettes chirographaires postérieures, régulièrement produites, vérifiées et acceptées ou validées doivent être payées conformément aux dispositions des articles 166 et 167 l'AUPC relatives à la collocation.

278. Les créances chirographaires postérieures non méritantes nées dans le délai, ne seront pas éligibles au traitement préférentiel et ne pourront donc pas être payées à l'échéance même si, les titulaires sont munis d'un titre exécutoire. Elles ne bénéficient non plus davantage du privilège qui constitue la chasse gardée des créances postérieures.

279. La créance garantie par sûreté et celle chirographaire nées régulièrement après le jugement d'ouverture, non-bénéficiaire du traitement préférentiel, ne peut en aucun cas se voir appliquer le privilège réservé aux créanciers postérieurs éligibles au traitement préférentiel[95].

---

[95]Le terme préférentiel ou privilège, signifie dans cette étude, avantage accordé à un créancier en tenant compte de son rang dans l'ordre de paiement des créanciers. A noter que c'est possible entre les créanciers chirographaires tout comme entre ces derniers et créanciers privilégiés.

280. En outre, l'AUPC n'interdit expressément pas la production des créances non méritantes, mais il faudra noter que les procédures dans lesquelles les créances chirographaires non méritantes sont déclarées et admises, ne doivent pas supporter les règles traditionnelles du droit des procédures collectives, c'est-à-dire la règle de l'arrêt des poursuites individuelles et son corollaire la règle de l'interdiction des paiements.

281. Par ailleurs, les créances postérieures non méritantes pourraient être déclarées au passif des procédures collectives, conformément aux délais aménagés, qui seront prévus par le juge-commissaire dans des circonstances spéciales[96]**.** Le juge, en vertu de son pouvoir discrétionnaire peut préciser la date d'exigibilité de la créance non méritante et les conditions suivant lesquelles elles peuvent être déclarées et payées.

282. En droit de l'OHADA, la préoccupation reste encore majeure quant aux créances nées régulièrement après le jugement d'ouverture, mais n'ayant pas profité de la masse des créanciers ; c'est-à-dire n'ayant pas été traité comme les autres créances de la masse.

Sur la question, il sera intéressant que le législateur communautaire donne sa position relative au sort de ces créances. Pour cela, deux hypothèses peuvent être envisagées.

283. En premier lieu, selon Docteur Harouna Saley Sidibé[97], *« les créances chirographaires nées*

---

[96] La circonstance spéciale, constitue des hypothèses ouvertes au juge de prendre une position face à l'AUPC (créer une jurisprudence).

[97]*Harouna Saley Sidibé* docteur en droit, le *sort des créances postérieures en droit français et endroit de l'organisation pour*

régulièrement après le jugement d'ouverture, mais n'ayant pas profité à la masse pourraient être assimilées par les textes à des créances dans la masse parce qu'elles n'ont pas été utiles à la procédure collective ».

On ne partage pas cet avis à tout de point de vue, parce que cette hypothèse serait difficilement justifiée en droit, car, bien que n'ayant pas profité à la masse, la date de naissance de la créance reste et demeure postérieure au jugement d'ouverture de la procédure collective. Ce qui implique qu'elle ne puisse pas avoir un sort commun avec les créances dans la masse. Il est bien soutenable que ces créances soient considérées comme des créances hors la masse, c'est-à-dire qu'elles ne seront pas payées dans le cadre des procédures collectives.

284. Ainsi, il est soutenable que la naissance de cette catégorie de créances donne automatiquement lieu à la mise en œuvre de la responsabilité du syndic, puisqu'il aurait dû, en tant que représentant de la masse, vérifier que les prestations profitent à la masse.

285. En outre, le législateur de l'OHADA pourrait, à l'image des *« post commencement claim »* du droit Japonais, leur attribuer un statut particulier. En effet, les *« post commencement claim »* sont des créances chirographaires qui, bien que leur fait générateur soit postérieur à l'ouverture d'une procédure, n'entrent dans aucune catégorie des créances du *« Civil réhabilitation act (CRA) »*. Pour cela, le CRA les dote d'un statut particulier qui permet de ne pas les payer *« durant une période qui s'étend du commencement de la procédure jusqu'à ce que la période prévue dans le plan pour les paiements s'achève ou à défaut que la procédure soit clôturée avant que le plan*

---

l'harmonisation en Afrique du droit des affaires (OHADA), éd. 30 sept 2013 à Nice Sophia Antipolis, p. 322.

soit adopté, que le paiement des créances mentionnées dans le plan soit complet ou que le plan soit résolu. En outre, aucune mesure d'exécution ne peut être réalisée[98] ».

286. En second lieu, on peut analyser la situation des créances chirographaires postérieures régulières, ne bénéficiant ni du principe du paiement au comptant, ni du principe subsidiaire du paiement par priorité.

De ce fait, elles devront être déclarées au passif dans des délais aménagés eu égard à leur naissance postérieure et régulière.

En attendant, seule est reconnue par l'AUPC, à l'instar de la loi de sauvegarde, la catégorie des créances postérieures irrégulières. Même si le législateur ne montre pas sa position vis-à-vis de ces créanciers chirographaires.

2- Le traitement différencié favorisé par le recours à la situation des créances chirographaires antérieures

287. Le traitement différencié des créances chirographaires postérieures non méritantes est favorisé par l'application des règles rigoureuses des procédures collectives et par la problématique de leur existence. Parlant de ce traitement différencié, on se demande toujours ce qu'il faut pour l'application efficace de cette règle.

288. Pour répondre à cette question, on fera une analyse de l'application des règles rigoureuses des procédures collectives (a), et la problématique de l'existence des créances chirographaires postérieures non méritantes (b).

[98]MONSERIE-BON (M.-H.), *aperçu sur le Droit Japonais des procédures collectives,*
Osaka University Law Review, n°59, February 2012, p.27-36.

a- L'application des règles rigoureuses des procédures collectives

289. Le traitement différencié des créances chirographaires postérieures non méritantes les rapproche de la catégorie des créances nées antérieurement au jugement d'ouverture de la procédure collective, même si elles sont chacune née de part et d'autre de la ligne de démarcation, c'est-à-dire du jugement d'ouverture, (avant ou après le jugement d'ouverture de la procédure).

290. Par conséquent, la soumission des créances chirographaires régulières non bénéficiaires du traitement préférentiel selon les hypothèses[99] à la procédure de déclaration au passif conditionne leur paiement à l'application du régime des créances antérieures. Alors, leurs titulaires percevront les dividendes du plan de sauvegarde ou de redressement de la même manière que ceux des créances chirographaires nées antérieurement au jugement d'ouverture de la procédure collective.

291. Cependant, la possible assimilation du sort des créances postérieures non bénéficiaires du traitement préférentiel au régime des créances nées antérieurement au jugement d'ouverture n'a pas été expressément prévue par l'Acte uniforme portant organisation des procédures collectives d'apurement du passif même après la réforme du 24 décembre 2015.

---

[99] L'hypothèse dans laquelle tous les créanciers de la procédure collective sont chirographaires, dans ce cas on ferra allusion aux créanciers chirographaires non munis de titre exécutoire.
L'hypothèse dans laquelle les créanciers garantis et ceux chirographaires y sont ; on ferra allusion à toutes les catégories de créanciers chirographaires.

292. À noter qu'aucune disposition communautaire ne fait état de la possible application de la règle de l'arrêt du cours des intérêts aux créances chirographaires postérieures nées régulièrement, mais non bénéficiaires du traitement préférentiel.

293. En outre, il ressort de l'analyse que, l'arrêt du cours des intérêts ne s'applique qu'aux intérêts qui ont commencé à courir avant le jugement d'ouverture de la procédure. Ce qui ne concorde pas avec la situation de la créance postérieure régulière non éligible au traitement préférentiel, puisqu'elle est, par essence, née après le jugement d'ouverture de la procédure.

294. En revanche, l'application aux créances postérieures non méritantes, de certaines règles classiques du droit des procédures collectives destinées aux créances antérieures apparaît comme une simple fiction juridique ; c'est-à-dire qu'elle n'est applicable qu'en vertu d'un texte qui la prévoit expressément. L'assimilation de la créance postérieure, née régulièrement après le jugement d'ouverture même non bénéficiaire du traitement préférentiel, à une créance antérieure n'est pas juridiquement acceptable.

295. L'inacceptation juridique justifie l'absence de la protection législative de la question qui, à son tour, donne force aux doctrinaires. Ces derniers se préoccupent de l'existence des créances postérieures non méritantes qui constitue un problème majeur.

D- La problématique de l'existence des créances chirographaires postérieures non méritantes

296. La situation des créances postérieures non méritantes a été passée au crible par un auteur[100] qui a soulevé la question de l'utilité du maintien de cette distinction artificielle. Il soutient sa thèse par une argumentation dont la teneur suit :

Le législateur a voulu en découdre avec le critère chronologique en obligeant les créanciers à déclarer au passif leurs créances pourtant nées postérieurement au jugement d'ouverture, et ce, comme des créanciers antérieurs. Cette méthode, entérinée par la loi de sauvegarde des entreprises en France et ses réformes postérieures, a permis d'*« intérioriser »* des créances ayant un fait générateur postérieur au jugement déclaratif. Se pose alors la question de l'intérêt du maintien d'une telle distinction.

297. L'auteur va plus loin en proposant que soit uniquement retenue, la notion de *« créance utile à la procédure »*. Cela conduirait à deux hypothèses. Soit, la créance est utile, et elle devra alors être éligible au traitement préférentiel, soit, elle ne l'est pas, et elle devra être déclarée au passif du débiteur.

298. On ne partage pas totalement cette idée étant donné que la consécration d'une notion unique de *« créance utile à la procédure »* ferait disparaître le critère classique de la chronologie de la naissance de la créance surtout au

[100]Harouna Saley Sidibé docteur en droit, *le sort des créances postérieures en droit français et endroit de l'organisation pour l'harmonisation en Afrique du droit des affaires (OHADA),* éd. 30 sept 2013 à Nice Sophia Antipolis.

détriment des créanciers chirographaires non munis d'un titre exécutoire.

299. En outre, l'absence de ce critère rendrait superficielle et inintelligible la distinction entre les créances antérieures et postérieures dans la mesure où le jugement d'ouverture ne servirait plus de ligne de démarcation entre ces deux types de créances.

300. Par ailleurs, les créances chirographaires utiles aux procédures collectives pourraient facilement être des créances antérieures, donc ces dernières seraient couvertes par le traitement préférentiel aux dépens de certaines créances postérieures inutiles. Cela rendrait complètement inopérant le but du traitement de faveur qui se dessine comme un avantage accordé aux créanciers qui ont accepté, malgré les difficultés de l'entreprise, de conclure avec elle et de permettre la continuité de son activité pendant la procédure (cas de BADAM en Guinée).

301. Concernant la procédure dans laquelle les créanciers garantis de sûretés et les créanciers chirographaires se rencontrent, l'auteur[101] admet volontiers, en expliquant le droit des créanciers chirographaires, que cette notion sacrifierait certains créanciers, notamment les créanciers fiscaux et sociaux du redressement de la société.

Sachant que ces créances s'inscrivent dans une logique globale dépassant le cadre du redressement de l'entreprise, puisque les créances fiscales alimentent les caisses de l'État et les créances sociales permettent de réduire la précarité dans la société.

---

[101]On partage cette position avec l'auteur, Harouna Saley Sidibé docteur en droit, *le sort des créances postérieures en droit français et endroit de l'organisation pour l'harmonisation en Afrique du droit des affaires (OHADA),* éd. 30 sept 20130 à Nice Sophia Antipolis.

Pour corroborer cette position, les juges français ont décidé que le caractère inutile d'une créance postérieure, justifiant l'interdiction des paiements, doit être suffisamment motivé.

302. La notion de créance non méritante a fait tollé, et continue à le faire. Le sort de cette question ne doit pas être confondu à celui des créances postérieures irrégulières dans les procédures collectives.

A- Le sort des créances chirographaires postérieures irrégulières

303. Les créances chirographaires postérieures irrégulières sont traitées comme des créances inopposables aux procédures collectives du débiteur (1). Cependant, leur existence emporte des conséquences en présence d'une procédure collective à but liquidatif (2).

3- Des créances chirographaires inopposables aux procédures collectives

304. Les créances chirographaires postérieures irrégulières sont inopposables aux procédures collectives du débiteur, parce qu'elles ne sont pas soumises à la déclaration au passif et les autres règles du droit des procédures collectives ne leur sont pas applicables. C'est pourquoi on abordera l'absence de déclaration au passif (a), et l'absence d'application des autres règles des procédures collectives (b).

a- L'absence de déclaration au passif

305. Le créancier chirographaire postérieur dont la créance est née irrégulièrement n'est pas tenu à l'obligation de déclarer sa créance au passif des procédures collectives. Dans la mesure où sa créance est inopposable aux procédures collectives. Elle ne peut pas être payée tant que les procédures continuent à suivre son cours.

C'est de la même manière que les procédures collectives, sous l'AUPC, ignore totalement les créances hors la masse. En effet, les créanciers chirographaires postérieurs hors la masse[102] ne peuvent pas exercer leurs droits sur le patrimoine du débiteur à tout le moins tant que les procédures collectives durent, puisqu'elles sont inopposables à la procédure de redressement judiciaire ou de liquidation des biens.

306. Cependant, cette inopposabilité qui a pour conséquence le non-paiement de la créance lors des procédures ne doit pas empêcher la clôture des procédures pour extinction du passif.

b- L'absence d'application des autres règles des procédures collectives

307. En droit de l'OHADA l'expression *« créance hors la masse »* fait preuve de mise à l'écart dans les procédures collectives.

La créance chirographaire née irrégulièrement après le jugement d'ouverture ne doit pas être payée à l'échéance. Le jugement ouvrant la procédure emporte, de plein droit, interdiction de payer toute créance née antérieurement au jugement d'ouverture, à l'exception du paiement par compensation de créances connexes[103]. Il emporte également, de plein droit, interdiction de payer toute

---

[102] Le créancier chirographaire hors la masse est celui titulaire d'une créance irrégulière, exempt de tout paiement.

[103] Voir les dispositions de l'article 68 de l'AUPC du 24 décembre 2015.

créance née après le jugement d'ouverture, non mentionnée à l'AUPC.

308. En outre, le créancier chirographaire ne peut pas poursuivre le débiteur en paiement étant donné que l'interdiction des poursuites individuelles prévues à l'AUPC concerne tous les créanciers dont la créance n'a pas été mentionnée aux articles 77 et suivants de l'AUPC. Les dispositions de cet article produisent des effets juridiques à la phase de la clôture de la procédure liquidative.

1- Les conséquences juridiques de la clôture de la procédure liquidative

309. Dans cette étude, il parait utile de s'intéresser de manière générale au sort des créanciers chirographaires en présence d'un jugement de clôture de la liquidation judiciaire pour insuffisance d'actif.

310. Les créanciers ne recouvrent pas l'exercice individuel de leurs actions contre le débiteur, sauf lorsqu'il s'agit d'une condamnation pénale du débiteur ou de droits attachés à la personne du débiteur.

311. En effet, il est soutenable que les créanciers, (garantis de sûretés ou chirographaires), dont la créance postérieure est irrégulière, ne peut pas recouvrer sa créance après le jugement de clôture de la procédure de liquidation judiciaire pour insuffisance d'actif. Le droit de poursuivre le paiement de sa créance irrégulière est alors sans effet, puisque la créance est hors procédure.

Sur la question, le droit positif français[104] dégage deux types de clôture de liquidation judiciaire, à savoir la clôture pour extinction du passif et la clôture pour insuffisance d'actif.

---

[104]Selon la loi de sauvegarde des entreprises modifiée par l'ordonnance du 18 décembre 2008.

312. La clôture pour extinction du passif permet de rétablir le débiteur ou les dirigeants dans leurs droits. Cependant, la clôture de la procédure pour insuffisance d'actif ne rétablit pas la personne morale dans ses droits, puisque la dissolution automatique opérée par le jugement de liquidation est irréversible, sauf nomination d'un liquidateur amiable aux fins d'introduire des actions tendant à augmenter l'actif à partager. De ce fait, la clôture pour insuffisance d'actif ne permet pas la reprise des poursuites individuelles de la part des créanciers frappés par la règle de l'arrêt des poursuites individuelles.

313. Il faut préciser que la clôture pour insuffisance d'actif ne devrait pas interdire aux créanciers chirographaires postérieurs méritants de poursuivre le débiteur en paiement de leurs créances étant donné qu'ils ne seraient pas soumis à la règle de l'arrêt des poursuites individuelles.

Qu'en est-il de la situation des créances postérieures hors la masse après clôture de la procédure de liquidation des biens ?

314. La clôture de la procédure pour extinction du passif et la liquidation des biens simplifiée telle que prévue aux articles 178 et 179 de l'AUPC est la solution la plus enviable qu'elle soit. Ces dispositions sont rarement appliquées dans les procédures collectives ouvertes dans l'espace OHADA. C'est ce qui fait que les entreprises en difficulté se redressent très difficilement et très rarement. Pr Filiga Michel Sawadogo n'a pas tort de dire que : « *Des entreprises en difficulté, on en trouve un peu partout dans* *l'espace OHADA ; des entreprises en difficulté qui se redressent, on en cherche*[105]. »

315. En cas de redressement ou de reprise des activités, le débiteur sera rétabli dans ses droits et déchargé de toutes les déchéances ; la masse disparaît. De ce fait, les créanciers chirographaires recouvrent leur droit de poursuite individuelle y compris les créanciers chirographaires postérieurs hors la masse.

316. Contrairement en droit de l'OHADA, les juges Français considèrent désormais que le jugement de clôture pour extinction du passif n'a pas autorité de la chose jugée quant à l'extinction des créances chirographaires. Dès lors, il appartient au créancier chirographaire prétendant n'avoir pas été désintéressé de rapporter la preuve de ce fait.

Il sera plus intéressant au créancier de demander le paiement de sa créance après une clôture pour extinction du passif que dans le cas de clôture pour insuffisance d'actif.

317. En effet, la clôture pour insuffisance d'actif telle que prévue par les articles 173 et 177 de l'AUPC permet aux créanciers chirographaires de recouvrer l'exercice individuel de leurs actions, mais muni d'un titre exécutoire[106]. Ce qui n'est pas forcément le cas du créancier

---

[105]Paraphrase d'une formule célèbre au Burkina relative aux chercheurs (Des chercheurs qui cherchent, on en trouve ; des chercheurs qui trouvent, on en cherche !). Heureusement que cette affirmation n'est pas toujours vraie sinon cela donnerait raison à Balzac qui considérait la faillite comme « une espèce de vol involontaire admise par la loi mais aggravée par les formalités » (Balzac, Le faiseur, éd. de l'Imprimerie Nationale, cité par Pollaud-Dulian F., Note sous cass., ass. plén., 09 juillet 1993, *Société générale contre Guiraud*, J.C.P., éd. Gén., 11, p. 368.

[106]Selon le Dictionnaire OHADA, « *Titre exécutoire, est une décision de justice ou acte judiciaire comportant la formule exécutoire. Le titre*

hors la masse et les créanciers chirographaires non munis d'un titre exécutoire qui ne sont pas tenus de déclarer leurs créances et ne peuvent, par conséquent, bénéficier des effets de la déclaration des créances. Toutefois, la poursuite ne sera intéressante que lorsque le débiteur revient à meilleure fortune.

---

revêtu de la formule exécutoire permet au créancier qui en dispose de saisir les biens de son débiteur.
Constituent des titres exécutoires :
- Les décisions de justice ayant force exécutoire ;
- Les actes notariés revêtus de la formule exécutoire ;
- Les extrais de procès-verbaux de conciliation signés par le juge et les parties ;
- Les jugements étrangers et les sentences arbitrales revêtus de l'exequatur ;
- Le titre délivré par l'huissier en cas de non-paiement d'un chèque. (Protêt faute de paiement). »

Chapitre II
La déclaration des autres créances chirographaires et la collocation des deniers du débiteur dans les procédures collectives

318. Le créancier chirographaire peut tout de même déclarer les créances chirographaires qui sont nées dans le cadre de sa relation privée avec un commerçant ou un professionnel en faillite. À rappeler que cette notion est nouvelle dans le droit positif de l'OHADA. Il s'agit des créances chirographaires nées de la vie courante (section I). Une fois que cette nouvelle notion est comprise, on analysera ensuite, l'objectif des procédures collectives stricto-sensu en droit de l'OHADA, qui est le paiement ou le désintéressement des créanciers. Alors, il paraît évident de démontrer que les créanciers chirographaires ont le droit de bénéficier du partage des biens du débiteur (section II).

Section I : La production des créances chirographaires de la vie courante

319. Il parait opportun de commencer par la détermination du domaine des créances chirographaires de la vie courante (paragraphe I), avant d'apporter une analyse juridique sur leur régime (paragraphe II).

Paragraphe I : Le domaine des créances chirographaires de la vie courante

320. Il faut rappeler que les créances chirographaires de la vie courante du débiteur sont très récurrentes (A), mais le droit de l'OHADA ne les prend pas expressément en considération dans des procédures collectives (B).

A- La notion des créances chirographaires nées pour des besoins de la vie courante

321. Sont des créances nées pour les besoins de la vie courante, toutes les créances chirographaires liées à la vie privée du débiteur personne physique, puisqu'elles n'ont aucun lien avec la gestion de son activité professionnelle. Il y a une multitude de créances qui s'y rattachent dont entre autres, les loyers résultant d'un contrat de bail payable par le débiteur preneur, les obligations alimentaires, les frais de scolarité dans le cadre des études des enfants, le cautionnement en faveur de son épouse pour la bonne administration du foyer, l'achat du pain pour les petits déjeuners, la créance résultant du transport des objets privés qui n'ont aucun rapport avec la profession du débiteur faillit, etc.

En gros il s'agit des créances chirographaires nées dans le cadre des besoins familiaux ou de la vie courante à la différence des besoins professionnels.

322. Ces créances chirographaires ne sont pas éligibles aux procédures collectives. Elles sont plus flottantes[107] que les créances chirographaires nées de l'activité professionnelle ou à l'occasion de l'activité professionnelle du débiteur. Ainsi, les malinkés ont trouvé une appellation

---

[107]Les créances chirographaires qui sont nées de la vie courante ont moins de chance d'être payées avant les créances chirographaires qui sont nées dans le cadre des activités professionnelles du débiteur.

éloquente pour décrire la situation des créanciers de la vie courante. On les appelle en Maninka « Djouloumanity ».

323. Étymologiquement, « djoulou », signifie la dette ou créance, la corde par laquelle le créancier chirographaire tire son débiteur ou un pont d'obligation par lequel le débiteur est lié à son créancier. « Manity » veut dire propriétaire vulnérable d'une créance (créancier chirographaire), dont il n'a aucune garantie sinon que le statut de créancier. Il donne une autre signification selon laquelle ils sont qualifiés de « petits créanciers » parmi les créanciers du débiteur en état de cessation des paiements.

324. L'importance de ce sujet fait que le législateur français s'en est intéressé, en établissant une distinction nette entre les créances chirographaires nées de l'activité professionnelle du débiteur et les créances nées de sa vie privée. On estime que cette distinction permet de moraliser les procédures collectives afin de ne pas faire supporter à la collectivité des créanciers, les dépenses personnelles du débiteur pouvant parfois avoir un caractère luxueux.

325. Il faut noter, qu'en principe ces créances chirographaires de la vie courante ne doivent pas être associées aux créances chirographaires ou garanties nées de l'activité professionnelle du débiteur.

326. Le législateur français est allé plus loin pour dire que les créances nées de la vie courante ne doivent pas être déclarées dans les procédures collectives. Ainsi, ces créanciers n'ont pas droit aux intérêts moratoires donc, il n'y a point question de les opposer à la masse des créanciers dans le droit positif français, et encore moins dans celui du droit de l'OHADA suivant le contenu des dispositions de l'article 179 AUPC relatif à la suspension des poursuites individuelles.

327. Nonobstant cette exclusion, il est soutenable que les créanciers chirographaires devraient pouvoir réclamer le paiement de leurs créances à caractère non professionnel dans les procédures collectives en droit de l'OHADA sans qu'il y ait aucune incidence sur lesdites procédures.

Pour qu'une créance chirographaire née de la vie courante soit déclarée dans les procédures collectives, il faudrait que :

1- la créance soit postérieure au jugement d'ouverture de la procédure collective ;

2- elle doit avoir un caractère connexe avec l'activité professionnelle du débiteur ;

3- le créancier chirographaire doit faire une déclaration dans laquelle il accepte le dernier rang ;

4- Le créancier chirographaire doit justifier qu'il a adressé au débiteur plusieurs demandes de paiement, et mise en demeure qui sont restées infructueuses.

5- La créance chirographaire postérieure ne doit pas être luxueuse. Seul le juge-commissaire peut apprécier si telle créance est simple ou luxueuse.

Concernant la valeur de la créance et la durée de la mise en demeure, on laisse le législateur communautaire OHADA les déterminer.

B- Le silence du législateur communautaire de l'OHADA

328. L'AUPC n'a pas expressément prévu le sort des créances chirographaires nées pour les besoins de la vie courante du débiteur. En clair, les rédacteurs de l'AUPC en 1998 et ceux en 2015 ont totalement omis les créances nées de la vie courante du débiteur.

329. À la lecture de l'AUPC, il n'apparait nulle part, une distinction étanche entre les créances chirographaires nées de l'activité professionnelle du débiteur et les créances chirographaires nées de sa vie privée. À noter qu'en France, cette catégorie de créances chirographaires de la vie courante est liée au débiteur personne physique conformément à la loi de sauvegarde des entreprises. Il faut comprendre par-là que l'AUPC tente de les assimiler aux créances de la masse bénéficiaire du traitement de faveur. Cette idée reste ambigüe en droit positif de l'OHADA.

330. En dépit de cette tentative, on pourra estimer, avec force, que les dépenses luxueuses revêtant un caractère non professionnel dépassant le cadre de l'entretien familial et de l'éducation des enfants ne doivent pas bénéficier du traitement de faveur dévolu aux créances chirographaires postérieures au jugement d'ouverture contre la masse.

331. Ainsi la notion des créances chirographaires de la vie courante nécessite une analyse juridique approfondie.

Paragraphe II : Analyse juridique du régime des créances de la vie courante

332. Il parait nécessaire à l'absence d'un régime clairement défini par l'AUPC, de procéder à l'analyse du régime juridique des créances chirographaires de la vie courante à l'image de la législation française, qui constitue d'ailleurs une source d'inspiration pour le législateur communautaire OHADA. En le faisant, on portera un œil sur le régime de ces créances sous l'empire de l'ancienne loi en France (A), et depuis l'ordonnance de réforme (B).

A- Avant la réforme de la loi de sauvegarde des entreprises

333. On procède à cette analyse sous le même angle que le législateur français qui sous l'empire de la loi de sauvegarde des entreprises, a voulu permettre le paiement des dettes relatives à la vie courante du débiteur, car l'interdiction de paiement est écartée pour des raisons humanitaires liées à la vie privée du débiteur.

334. Conformément à l'exigence du respect du principe lié aux critères téléologiques issus de la loi de sauvegarde, les créances de la vie courante n'ayant aucun rapport avec les besoins de la procédure, de la période d'observation ou qui ne sont pas la contrepartie d'une prestation fournie au débiteur pour son activité professionnelle, ne peuvent bénéficier de la masse créancière. De ce fait, le créancier titulaire d'une créance chirographaire née pour les besoins de la vie courante du débiteur ne peut, en l'absence d'un paiement à l'échéance, bénéficier de la règle de paiement par priorité dévolue aux créances postérieures bénéficiaires du traitement par ordre qu'indique la loi.

335. S'agissant d'une procédure collective dans laquelle il y a des créanciers privilégiés et chirographaires, le législateur OHADA n'a proposé aucune solution allant dans le sens d'établir un classement des créances nées pour les besoins de la vie courante du débiteur. Cependant, la créance née de la vie courante ne doit pas primer sur les créanciers chirographaires postérieurs. Par ailleurs, elle n'est pas, opposable à la procédure collective.

336. On peut se référer à la loi de sauvegarde des entreprises, qui règle la situation des créances nées pour les besoins de la vie courante du débiteur. En effet, même lorsque la créance née pour les besoins de la vie courante apparait régulièrement après le jugement d'ouverture de la procédure, elle ne peut bénéficier du traitement préférentiel[108]. Ainsi, Dr. Aboubacar Diarra ; Secrétaire chargé de la publication des journaux officiels de l'OHADA affirmait que ces créanciers chirographaires pouvaient être considérés comme des créanciers de la masse, mais pas dans la masse. Ce qui dénote que ces créances ne sont pas reconnues dans la masse des créanciers, donc ils ne peuvent pas bénéficier de ce traitement tel qu'indiqué.

337. Par ailleurs, la créance liée aux besoins de la vie courante est également exclue du régime des créances postérieures non privilégiées.

En outre, le régime rigoureux des créances postérieures non privilégiées n'est pas applicable aux créances nées pour les besoins de la vie courante, car c'est un régime beaucoup plus favorable qui leur est applicable. Même si les créances de la vie courante peuvent être payées pendant les procédures, les créanciers ne sont pas autorisés à en poursuivre le recouvrement.

338. Nonobstant le fait que la production de ces créances dans les procédures collectives soit réfutée en droit français, à notre sens cela ne devrait pas donner droit et la légitimité au législateur communautaire de l'OHADA d'imiter ici son homologue français. Compte tenu du contexte africain, il sera préférable d'accepter la déclaration des créances nées pour les besoins de la vie courante sous la qualification des

---

[108]À rappeler que le traitement préférentiel dont on parle très souvent dans cette étude vise les procédures dans lesquelles il n'y a que des créanciers chirographaires. Le Cas de BADAM et de L'entreprise SARL KC INVESTOR COMPAGNIE. Il y'a deux catégories de créanciers chirographaires indiquées aux dispositions des articles 166 et 167 de l'AUPC.

créances ou dettes chirographaires civiles. Pour ce faire, il faudra remplir les conditions préalablement citées.

339. Par-delà de ces analyses, en termes des réformes engagées et engageables relativement aux créances de la vie courante, il y a eu une ordonnance appuyant cette loi de sauvegarde modifiant le sort des créances de la vie courante.

B- Depuis l'ordonnance réformant la loi de sauvegarde des entreprises

340. L'ordonnance[109] a apporté des modifications sur le sort des créances de la vie courante tout en conservant intacte la question du maintien de leur paiement. Il est question ici, des modifications apportées au sort des créances de la vie courante (1), ensuite de la question du maintien du paiement de la créance de la vie courante (2).

1- Les modifications apportées au sort des créances de la vie courante

341. L'ordonnance du 18 décembre 2008 a modifié la loi de sauvegarde[110] et par conséquent la catégorie des créances de la vie courante n'est plus de mise dans la plupart des législations actuelles. En effet, la catégorie des créances liées aux besoins de la vie courante du débiteur a été supprimée de manière inconditionnelle par ladite ordonnance.

---

[109] L'ordonnance réformant la loi de sauvegarde des entreprises du 18 décembre 2008, sur la question d'amélioration du sort des créances nées de la vie courante du débiteur.

[110] LEGUEVAQUES (Ch.), *Le sort des créanciers après la loi de sauvegarde des entreprises : entre renforcement des droits et allègement des devoirs.* LPA 17 février 2006.

342. Cette suppression a eu pour principal effet de modifier le sort des créanciers dont la créance est née pour les besoins de la vie courante. L'objectif de l'ordonnance du 18 décembre 2008 a été, principalement, de simplifier le régime des créances nées après l'ouverture de la procédure collective et, par conséquent, de réduire la diversité des règles applicables.

343. Le sort des créances chirographaires de la vie courante est désormais rattaché à celui de la catégorie des créances postérieures. De ce fait, la détermination du sort des créances nées pour les besoins de la vie courante est directement concernée par la suppression de l'obligation de rattacher la naissance des créances postérieures bénéficiaires du traitement préférentiel à l'activité professionnelle du débiteur, par l'ordonnance du 18 décembre 2008 qui retient spécifiquement les créances qui sont la contrepartie d'une prestation fournie au débiteur.

344. Ainsi, cette modification importante permet aux créances chirographaires nées pour les besoins de la vie courante du débiteur de bénéficier des avantages conférés par la loi aux créances postérieures bénéficiant du traitement préférentiel, s'il s'agit nommément d'une procédure dans laquelle tous les créanciers sont chirographaires. (Cas de l'entreprise SARL KC INVESTOR COMPAGNIE).

345. En tout état de cause, il faut préciser que l'immense majorité des créances nées pour les besoins de la vie courante du débiteur personne physique naissent en contrepartie d'une prestation fournie à ce dernier.

Désormais, le principal critère de sélection exigé aux créances de la vie courante, pour qu'elles puissent bénéficier du traitement de faveur des créances postérieures, est le critère de la régularité, puisque le critère d'utilité a été, quelque peu, supprimé par l'ordonnance de 2008.

346. L'exception de l'interdiction du paiement des créances postérieures nées pour des besoins de la vie courante du débiteur et non bénéficiaires du traitement préférentiel a été supprimée par une ordonnance. Indépendamment de cette suppression, il parait toujours important de rappeler l'intérêt du maintien du paiement de ladite créance.

2- Le droit au paiement de la créance chirographaire de la vie courante

347. La question qui se pose actuellement est de savoir si ces créances seront quand même payées. Le législateur OHADA n'a aucune position face à ce problème, ce qui laisse croire que ces créanciers n'ont aucune chance dans des procédures collectives pour être payés.

348. *A contrario*, en France selon le rapport sur l'ordonnance du 18 décembre 2008**,** la réponse est affirmative lorsque la créance postérieure au jugement d'ouverture est la contrepartie d'une prestation fournie au débiteur, dans ce cas, la créance sera payée.

349. En effet, l'ordonnance de 2008 a supprimé toute la précision liée à l'activité professionnelle du débiteur. Ainsi, toute créance chirographaire née pour les besoins de la vie courante en contrepartie d'une prestation fournie au débiteur pendant la période d'observation ou pendant la poursuite provisoire de l'activité autorisée en liquidation judiciaire pourra être payée.

350. La créance chirographaire née en contrepartie d'une prestation fournie au débiteur pour des besoins n'ayant aucun lien avec son activité professionnelle peut, dorénavant, bénéficier du même droit que les autres dans le respect du classement lors du partage des deniers du débiteur. Néanmoins, le créancier chirographaire n'est plus tenu de déclarer sa créance au passif. En outre, il peut se fonder sur le non-paiement de la créance pour demander une résiliation ou une résolution du contrat pour défaut de paiement.

351. Cependant, une partie de la doctrine répond par la négative, lorsque la créance née postérieurement pour les besoins de la vie courante, n'est pas la contrepartie d'une prestation fournie au débiteur, elle ne pourra pas être payée pendant les procédures collectives.

352. Il en ressort, le maintien du principe d'interdiction du paiement des créances postérieures non méritantes comme la contribution foncière unique ou la taxe d'habitation par exemple.

L'ordonnance a permis d'éclaircir la situation des créances nées pour les besoins de la vie courante du débiteur en cessation des paiements.

353. Sous l'empire de la loi de sauvegarde non réformée, le créancier chirographaire postérieur dont la créance est née pour les besoins de la vie courante du débiteur obtenait le paiement de sa créance bien qu'il ne bénéficiait pas d'une action en justice pour obtenir le paiement non intervenu spontanément. Il lui appartenait également de déclarer sa créance dans le délai de deux mois de son exigibilité. De nos jours, la créance née pour les besoins de la vie courante du débiteur ne peut plus être payée spontanément, elle devra être déclarée au passif. Lorsque la créance née pour les besoins de la vie courante est la contrepartie d'une prestation fournie au débiteur, elle sera payée. C'est-à-dire cette créance sera traitée conformément au régime de faveur dévolu aux créances postérieures bénéficiaires du traitement préférentiel.

354. Suivant la logique annoncée ci-haut, on s'intéresse à l'ordre proposé par l'AUPC pour le paiement à l'échéance des créances.

Section II : la collocation du patrimoine du débiteur : le paiement à l'échéance des créances chirographaires dans les procédures collectives

355. L'objectif principal des procédures collectives proprement dites est en outre, la satisfaction des créanciers du débiteur. Chaque créancier occupe un rang à travers lequel il est désintéressé, tel est le cas des créanciers chirographaires. Pour une compréhension approfondie, il faut procéder tout d'abord à l'analyse des créances chirographaires elles-mêmes (paragraphe I), puis le paiement des créanciers chirographaires dans les procédures collectives (paragraphe II).

Paragraphe I : l'analyse des créances chirographaires

356. Il est important de préciser que cette analyse porte sur le sort des créances chirographaires dans le classement général des procédures collectives, qui doit être recherché (A), avant de juger l'emprise théorique du classement général en droit de l'OHADA (B).

A- Le sort des créances chirographaires

357. La catégorie des créances chirographaires se compose de la partie importante des créances antérieures et postérieures au jugement d'ouverture de la procédure collective. Les créanciers chirographaires n'ont aucune garantie en vertu d'une sûreté, ce qui revient à dire qu'ils ne jouissent que du statut de créancier. Ce statut permet sans doute aux créanciers chirographaires d'être les concurrents des autres créanciers dans des procédures collectives.

358. Suivant le classement proposé par l'AUPC, pour que la créance chirographaire soit payée, il faut que tous les créanciers du rang supérieur soient d'abord payés. C'est-à-dire après le paiement des créanciers garantis par sûreté.

359. Lorsque le prix de vente d'un bien spécialement affecté d'une sûreté est insuffisant pour payer la créance en principal et les intérêts, le créancier chirographaire titulaire d'un titre exécutoire selon les cas est traité, pour le reliquat non payé de sa créance, de la même manière qu'un créancier chirographaire non muni d'un titre exécutoire.

360. À défaut d'application de cette règle, le créancier muni d'une sûreté pourrait recevoir un paiement moindre que le créancier chirographaire. Par conséquent, le créancier muni d'une sûreté réelle spéciale bénéficie au même titre que les créanciers chirographaires du droit de gage général. *In fine*, les articles 166 à 168 de l'AUPC.

361. Selon les dispositions de l'article 166 de l'Acte uniforme portant organisation des procédures collectives d'apurement du passif, les deniers provenant de la liquidation des immeubles sont distribués dans l'ordre suivant :

1°) aux créanciers bénéficiant du privilège prévu par les articles 5-11,11-1 et 33-1 ci-dessus ;

2°) aux créanciers des frais de justices engagés pour parvenir à la réalisation du bien vendu et à la distribution du prix ;

3°) aux créanciers de salaires super privilégiés en proportion de la valeur de l'immeuble par rapport à l'ensemble de l'actif ;

4°) aux créanciers titulaires d'une hypothèque conventionnelle ou forcée et aux créanciers séparatistes inscrits dans le délai légal, chacun selon le rang de son inscription au livre foncier ;

5°) aux créanciers de la masse tels que définis par l'article 117 ci-dessus ;

6°) aux créanciers munis d'un privilège général selon l'ordre établi par l'Acte uniforme portant organisation des sûretés, à savoir aux créanciers munis de privilège général soumis à publicité, chacun selon le rang de son inscription au registre du commerce et du crédit mobilier, et aux créanciers munis d'un privilège général non soumis à publicité selon l'ordre établi par l'article 180 de cet Acte uniforme ;

7°) aux créanciers chirographaires munis d'un titre exécutoire ;

8°) aux créanciers chirographaires non munis d'un titre exécutoire.

En cas d'insuffisance des deniers pour désintéresser totalement les créanciers de l'une des catégories désignées aux 1°, 2°, 3°, 5°, 6°, 7° et 8° du présent article venant à rang égal, ceux-ci concourent aux répartitions dans la proportion de leurs créances totales, au marc le franc.

362. Dans la même logique, les dispositions de l'article 167 de l'AUPC, complètent celles de l'article 166 de l'AUPC en précisant ceci.

Sans préjudice de l'exercice d'un éventuel droit de rétention ou d'un droit exclusif au paiement, les deniers provenant de la réalisation d'un meuble sont distribués dans l'ordre suivant :

1°) aux créanciers bénéficiant du privilège prévu par les articles 5-11,11-1 et 33-1 ci-dessus ;

2°) aux créanciers des frais de justice engagés pour parvenir à la réalisation du bien vendu et à la distribution du prix ;

3°) aux créanciers des frais engagés pour la conservation du bien du débiteur dans l'intérêt du créancier dont les titres sont antérieurs en date ;

4°) aux créanciers de salaire super privilégiés en proportion de la valeur du meuble par rapport à l'ensemble de l'actif ;

5°) aux créanciers garantis par un privilège général soumis à publicité, un gage, ou un nantissement, chacun à la date de son opposabilité aux tiers ;

6°) aux créanciers munis d'un privilège mobilier spécial, chacun sur le meuble supportant le privilège ;

7°) aux créanciers de la masse tels que définis par les articles 117 ci-dessus ;

8°) aux créanciers munis d'un privilège général selon l'ordre établi par l'Acte uniforme portant organisation des sûretés ;

9°) aux créanciers chirographaires munis d'un titre exécutoire ;

10°) aux créanciers chirographaires non munis d'un titre exécutoire.

En cas d'insuffisance des deniers pour désintéresser totalement les créanciers de l'une des catégories désignées aux 1°, 2°, 3°, 4°, 7°, 8° et 9° du présent article venant à rang égal, ceux-ci concourent aux répartitions dans la proportion de leurs créances totales, au marc le franc.

L'ensemble de ces textes montre et décrit la place et la situation des créanciers chirographaires dans les procédures collectives postérieures.

363. Enfin le législateur a fini par réitérer dans les dispositions de l'article 168 de l'Acte uniforme relatif aux procédures collectives d'apurement du passif en ces termes :

Si le prix de vente d'un bien spécialement affecté à une sûreté est insuffisant à payer la créance en principal et intérêts, le créancier titulaire de cette sûreté est traité, pour le reliquat non payé de sa créance, comme un créancier chirographaire.

Au-delà de ce classement explicite et législatif, il reste à analyser la théorie du classement général des créanciers.

B- L'emprise théorique du classement général des créanciers des procédures collectives

364. Au regard des dispositions concernant le classement général des créanciers des procédures collectives selon l'AUPC, apparaît une difficulté liée à l'agencement même des différentes dispositions compte tenu de leur caractère profondément théorique. Pour estomper le caractère théorique du classement des créanciers dans l'AUPC, une étude pratique de la portée du classement général de l'AUPC parait incontournable[111].

365. D'une part, il est à remarquer, dans les distributions sous l'empire de l'AUPC, l'absence de créanciers de la masse et des créanciers chirographaires.

---

[111]PEROCHON (F.), *Le sort des créanciers antérieurs*, colloque CRAJEFE du 27 mars
2004, LPA 10 juin 2004, p. 17, n° 20.

366. Concernant l'absence des créanciers contre la masse, elle peut être expliquée par le fait que le maintien de l'activité en liquidation des biens n'est pas automatique étant donné que l'autorisation du juge-commissaire est requise en plus des conditions exigées. Ainsi, en l'absence d'autorisation du maintien de l'activité par le juge-commissaire et dans la mesure où une condition de régularité de naissance de la créance postérieure est exigée, l'absence d'autorisation de continuation de l'activité en liquidation des biens ne permet pas l'existence de créances contre la masse. Quant à l'absence des créances chirographaires des ordonnances de distribution, elle pourrait provenir, purement et simplement, d'une insuffisance des sommes recueillies par le syndic.

367. En effet, lorsque la somme obtenue de la réalisation des actifs du débiteur a permis, exclusivement, le désintéressement des créanciers ayant un rang préférable conformément à l'ordre retenu par les articles 166 et 167 de l'AUPC et en cas d'insuffisance des deniers pour désintéresser totalement les créanciers de l'une des catégories des créanciers classés à rang égal, ceux-ci concourent aux répartitions dans la proportion de leurs créances totales, au *marc le franc*.

368. D'autre part, des efforts restent à faire sur la question de la compréhension et de l'acception des dispositions par les justiciables dans l'espace de l'OHADA.

669. En effet, la coordination établie entre l'Acte uniforme portant organisation de la sûreté (l'AUS) et les sûretés créées en droit national, par l'article 179 de l'AUS, peut être une des difficultés à élucider. En revanche, la question qui nous intéressera à ce niveau est celle de savoir comment procéder au paiement des créanciers chirographaires dans des procédures collectives où il n'y a que des créanciers chirographaires ?

Paragraphe II : Le classement entre les créanciers chirographaires

370. L'objectif recherché dans des procédures collectives stricto sensu (redressement judiciaire ou liquidation des biens), est la satisfaction des créanciers, c'est-à-dire le paiement de leurs créances, en l'espèce, les créances chirographaires. Elles peuvent être des créances chirographaires antérieures ou postérieures au jugement d'ouverture de la procédure collective comme étudiées ci-dessus. Il est important d'expliquer la position du législateur communautaire OHADA, face au régime juridique applicable aux créanciers chirographaires à l'épreuve des procédures collectives en droit de l'OHADA.

371. Certes, l'Acte uniforme portant organisation des procédures collectives d'apurement du passif vient d'être révisé et entré en vigueur le 24 décembre 2015, mais, le législateur n'a pratiquement apporté aucune amélioration à la situation des créanciers chirographaires surtout lorsqu'ils sont les seuls créanciers du débiteur (A). A cet effet, on estime nécessaire d'apporter une proposition de solution pour combler le vide juridique dans l'intérêt des juristes d'affaires en général et aux justiciables en particulier, aussi à l'attention du législateur OHADA dans le cadre d'une éventuelle révision (B).

A- Le mutisme du législateur OHADA

372. Le législateur communautaire OHADA à l'image de son homologue français ne s'est pas du tout préoccupé de ce sujet sensible. Il faut noter en évidence que dans l'espace OHADA, il y a énormément de procédures collectives ouvertes dans lesquelles on ne retrouve que des créanciers chirographaires. Pour le faire, les créanciers nouent des contrats portant l'ouverture d'un compte bancaire. Ce compte sera alimenté par un fonds déposé par le créancier. La banque ne donne aucune garantie réelle en cas de difficulté de trésorerie. Le créancier qui n'a aucune garantie particulière à laquelle se vouer, doit, dans ce cas être qualifié de créancier chirographaire. Ce qui veut dire que tous les créanciers occuperont le même rang en cas de procédure de redressement ou de liquidation. Tel est le cas de la procédure de BADAM actuellement en Guinée-Conakry.

Il ne faut pas perdre de vue sur l'ouverture croissante des comptes Orange Money, Mobile Money et autres. Ce sont des contrats ne conférant aucune garantie particulière aux **déposants**, (créanciers chirographaires).

373. Il y'a une pratique éminemment dangereuse qui devrait attirer l'attention du législateur de l'OHADA. C'est l'installation massive des entreprises virtuelles[112] qui ne sont immatriculées dans aucun pays membre de l'OHADA ; pourtant, les clients contractent avec ces entreprises tous les jours. Le risque est énorme, non seulement le législateur ne traite pas distinctement de la question, mais aussi ces entreprises aux yeux de la loi n'ont pas la personnalité juridique. Nonobstant tout cela, les créanciers y mettent leurs avoirs. Pour ce fait, ces créanciers acquièrent d'office la qualité de créanciers chirographaires.

---

[112]On entend par entreprise virtuelle, toutes entreprises exerçant une activité commerciale dans l'espace OHADA n'étant pas enregistrée au Registre du Commerce et du Crédit Mobilier (RCCM) au greffe de la juridiction d'un Etat partis au Traité. C'est le cas de certaines entreprises de Marketing via les réseaux sociaux.

374. Il faut en fin rappeler que l'absence des dispositions dans l'AUPC y relatives justifie profondément la raison pour laquelle les créanciers chirographaires saisissent les juridictions de droit commun sous la qualification de l'escroquerie. En l'espèce on a le cas de l'entreprise SARL KC INVESTOR COMPAGNIE, les huit cents (800) créanciers chirographaires ont opté pour la voie pénale, vu que la question n'est pas réglée par l'AUPC.

375. En effet, il s'agit d'une entreprise installée à Cimenterie (Guinée-Conakry) qui évolue dans le commerce virtuel (achat et vente). Les créanciers déposent une somme d'argent en dollar assorti d'un intérêt mensuel. Une victime, en qualité de représentant de la masse des créanciers, déclare que « *le débiteur nous a dit que l'entreprise est immatriculée à Londres (Grade Bretagne), pas en République de Guinée (Conakry). Mais, nous n'avons pas la preuve de l'existence de l'entreprise en Angleterre.* »

C'était il y a plus plusieurs années, aucun d'entre eux n'a reçu ni, son argent ni, son bénéfice espéré.

Ainsi, ils ont saisi le tribunal de première instance de Kaloum sous la qualification d'escroquerie prévue, définie et punie par les dispositions des articles 403 et suivants du Code pénal de 2016 qui ont remplacé les dispositions de l'article 430 de l'ancien Code pénal guinéen.

B- La proposition pour combler le vide juridique

376. La proposition envisagée pour combler ce vide juridique se rapporte avant tout, au paiement des créances chirographaires postérieures au jugement d'ouverture de la procédure collective, objet de la partie, mais aussi les créances chirographaires antérieures au jugement d'ouverture de la procédure collective.

377. La dernière révision de l'Acte uniforme relatif aux procédures collectives a apporté 120 nouveaux articles, mais la situation des créanciers chirographaires en droit de l'OHADA a besoin impérativement d'être améliorée ; d'où l'intérêt de la proposition.

378. Pour la répartition des deniers du patrimoine du débiteur entre les créanciers chirographaires, il faut faire recours à deux situations.

Une situation de droit, concernant la préoccupation de distribution prévue à l'AUPC notamment à son article 166, en accordant le 7e rang aux créanciers chirographaires munis d'un titre exécutoire et le 8e rang aux créanciers chirographaires non munis d'un titre exécutoire en matière mobilière.

379. Dans la même logique, il impose aux créanciers chirographaires les derniers rangs en matière immobilière. Selon l'article 167 AUPC, les créanciers chirographaires munis d'un titre exécutoire occupent le 9e rang, et ceux non munis d'un titre exécutoire occupent le 10e rang.

380. Il faut comprendre par là qu'en matière mobilière les créanciers chirographaires munis d'un titre exécutoire occupent le premier rang, par conséquent doivent être payés avant les créanciers chirographaires non munis d'un titre exécutoire.

381. C'est le même ordre en matière immobilière, le même principe, c'est-à-dire le créancier chirographaire muni d'un titre exécutoire occupera donc le premier (1er) rang si jamais il n'y a que des créanciers chirographaires dans la procédure de partage de deniers provenant de la réalisation d'un bien immobilier.

382. On peut être confronté à une difficulté dans l'hypothèse où tous les créanciers chirographaires sont munis d'un titre exécutoire ; en pareil cas, quelle est la solution ?

La réponse à cette question renvoi à une solution résultant d'une situation de fait : si tous les créanciers chirographaires ont le même statut, il faut tenir compte de la date de naissance, de déclaration ou de production de la créance chirographaire, d'enregistrement, de vérification et de son admission. Il est possible de partir sur la base également des créances chirographaires déclarées dans le délai et celles déclarées hors délais.

383. Il est soutenable que le juge-commissaire tienne compte essentiellement de la date de déclaration des créances pour des raisons justes. L'enregistrement, la vérification, la révision et l'admission d'une créance chirographaire ne dépend pas du créancier. Cela relève de la compétence de la juridiction de jugement. Pour éviter les manœuvres de retard, de négligence ou de prise à partie du juge ou du greffier, il serait préférable de privilégier la date de production qui doit être impérativement respectée par le créancier chirographaire.

CONCLUSION DE LA SECONDE PARTIE

384. En définitive, il faut retenir qu'en dépit de l'insuffisance constatée dans l'Acte uniforme, le juge est tenu de respecter la législation telle que prévue par le législateur OHADA. Les trois actes uniformes[113] régissent les procédures collectives, et s'appliquent aux créanciers chirographaires postérieurs au jugement d'ouverture de la procédure collective.

385. Il résulte de la présente recherche et du constat que les créances chirographaires postérieures ne sont pas suffisamment protégées par l'Acte uniforme portant organisation des procédures collectives d'apurement du passif. Il sera raisonnable d'inviter le législateur de faire face explicitement à ces créances. L'Acte uniforme portant procédures collectives parle de la déclaration des créances postérieures irrégulières, sans donner plus de détail sur les conditions de sa production, sa vérification, son admission et son mode de paiement. Quant aux autres créances chirographaires postérieures, il n'a rien réglementé à l'heure actuelle.

386. À l'évidence il faut rappeler l'adage selon lequel il n'y a pas de législation parfaite. L'Acte uniforme portant

---

[113] L'Acte uniforme portant organisation des procédures collectives d'apurement du passif ;
L'Acte uniforme portant organisation les Sûretés ;
L'Acte uniforme relatif aux procédures simplifiées de recouvrement des créances et voies d'exécution.

procédures collectives d'apurement du passif a été révisé dans le seul but de simplifier et améliorer le rapport entre les créanciers et leur débiteur à l'épreuve des procédures collectives en droit de l'Organisation pour l'Harmonisation en Afrique du Droit des Affaires (droit de l'OHADA). Comme c'est un acte révisable et améliorable donc, on n'aura pas tort de souhaiter une nouvelle amélioration en faveur des créanciers chirographaires *(de lege ferenda, législation souhaitée).*

387. Il faut enfin noter que, le sort des créances postérieures tel que prévue par la législation en vigueur est régi par l'application d'un régime juridique spécifique. Ce régime peut être qualifié en droit de l'OHADA actuel comme un régime de fait. C'est dans ce cadre que les créances postérieures sont payées au comptant ou à l'échéance.

388. Le traitement des créances chirographaires postérieures au jugement d'ouverture découle du fait que les créances postérieures bénéficient d'un traitement en marge des procédures collectives[114]. Le traitement en marge suppose que les créanciers chirographaires sont dans une posture très déséquilibrée. À voir le droit des créanciers chirographaires à l'épreuve des procédures collectives en droit de l'OHADA, il est possible de rappeler avec force que la législation actuelle est loin d'être parfaite. Les insuffisances y sont notoires en tout cas relativement aux créanciers chirographaires.

389. Cette seconde partie a pour objectif de déterminer la nature des créances chirographaires postérieures au

[114] SAINT-ALARY-HOUIN (C.), La situation des créanciers postérieures à l'ouverture de la procédure, in « les annales de l'université de Toulouse », T., XXX. IV, 1986.

jugement d'ouverture de la procédure collective, leurs régimes juridiques, ainsi que leurs paiements. Au cours de cette étude, le constat était alarmant dans la mesure où, on a abordé beaucoup d'autres catégories de créances chirographaires postérieures au jugement d'ouverture, qui ne sont pas prévues par le législateur OHADA.

Pour résoudre ce déficit législatif, il suffit d'aménager un régime favorable qui leur est adaptable. Que la créance chirographaire postérieure soit régulière, irrégulière, méritante, non méritante ou même née de la vie courante du débiteur en cessation des paiements, elle devrait être payée. Ce défi doit être levé par le législateur communautaire à l'image de son homologue français. Cela permettra au droit de l'OHADA de se doter d'un meilleur instrument juridique dans les procédures collectives.

CONCLUSION GÉNÉRALE

390. Cette étude est consacrée aux créanciers chirographaires à l'épreuve des procédures collectives stricto sensu en droit de l'OHADA, ce sujet est placé sur un terrain vierge dans la nouvelle législation de l'Acte uniforme portant procédures collectives d'apurement du passif. Pourtant, il a apporté une modification substantielle dans ses dispositions, de 258 articles (AUPC 1998), à 378 articles en septembre 2015. Soit une différence de 120 dispositions nouvelles. C'est un grand défi, mais c'est aussi un défi exaltant que de devoir proposer une étude sur ce thème, jusqu'ici peu exploré.

391. C'est pourquoi quelques soient les insuffisances et imperfections de ce travail, on espère qu'il serra le début d'une indéterminable, incessante et intéressante recherche sur la question.

392. À cette ultime étape de notre étude, il est important de reconnaitre qu'elle a été très instructive en ce qu'elle a permis d'apprendre sur les fondamentaux théoriques qui sous-tendent l'exercice des droits et obligations des créanciers chirographaires antérieurs et postérieurs au jugement d'ouverture de la procédure collective.

393. L'étude des créanciers chirographaires à l'épreuve des procédures collectives en droit de l'OHADA a montré que le législateur doit bien saisir l'importance des créances chirographaires dans des procédures collectives.

394. Il apparaît aussi que le législateur est bien conscient de l'enjeu que représentent les procédures collectives, il n'a pas privilégié uniquement l'aspect du redressement judiciaire et de la liquidation des biens, car il a cherché à enrichir l'AUPC par d'autres procédures, notamment la procédure de conciliation, la procédure simplifiée de règlement préventif, le redressement judiciaire et la liquidation des biens applicables aux petites entités économiques d'une réglementation détaillée sur les mandataires judiciaires[115] et d'un classement rationnel des créanciers, selon lequel les créanciers chirographaires occupent le dernier rang.

395. L'objectif de cette réforme est de rendre efficace les procédures collectives en droit de l'OHADA. La révision est activée par un constat selon lequel les procédures collectives aboutissent très rarement. La plupart des cas sont d'ailleurs classés sans suite.

C'est pour cela, on partage l'avis d'un auteur qui affirmait que : *« le droit des procédures collectives est le parent pauvre du débat judiciaire dans l'espace OHADA »*[116]

396. Il ressort de l'actualité nationale que l'affaire de SOTELGUI reste pendante à la justice depuis l'An deux mille treize (2013), et celle de BADAM depuis trois (3) ans.

397. La question de l'effectivité sous-tend la question subsidiaire de l'efficacité du droit des créanciers chirographaires issu de l'AUPC, puisque la plupart des

[115] On fait allusion aux Experts comptables et aux Syndics.

[116] Cité par *Harouna Saley Sidibé* docteur en droit, le sort des créances postérieures en droit français et endroit de l'organisation pour l'harmonisation en Afrique du droit des affaires (OHADA), éd. 30 sept 2013 à Nice Sophia Antipolis.

justiciables dans l'espace OHADA optent aisément pour les procédures d'exécution individuelle ou les règlements extrajudiciaires des différends.

Le recours aux règlements extrajudiciaires des différends est dû au sentiment concrétisé par l'adage selon lequel : *« un mauvais arrangement vaut mieux qu'un bon procès »*. Ainsi, les justiciables en l'occurrence, les créanciers chirographaires préfèrent, de loin, régler les difficultés de leurs entreprises débitrices à l'amiable, plutôt que de les confier à un tribunal.

Il en résulte que malgré plusieurs années d'application de l'AUPC, certaines questions sont encore en suspens, sans aucune solution claire.

398. Il faut enfin noter que l'inefficacité de l'AUPC est due au problème fondamental lié à la qualité de formation des juges chargés de son interprétation en vue d'une application concrète et efficace. Cette difficulté pour la surmonter, il faut rajeunir le personnel judiciaire à savoir, les magistrats et tous les collaborateurs de justice. Il faut également un budget pour leurs formations continues sous l'auspice de l'École Régionale Supérieure de la Magistrature (ERSUMA), sur le traité OHADA et ses Actes uniformes.

399. Parmi les neuf (9) Actes uniformes de l'OHADA, l'AUPC occupe une place incontournable pour la réussite des objectifs qui constituent le socle du droit de l'OHADA. Les dispositions de l'AUPC devraient avoir un caractère protecteur sans exception. Tel n'est pas suffisamment le cas pour les créanciers chirographaires[117], pour cela ils sont

---

[117]SAMB (M.) et Alii, Etude sur les difficultés de recouvrement des créances dans l'espace
UEMOA : cas du Bénin, du Burkina-Faso, du Mali et du Sénégal, Rapport final, Trustafrica, ERSUMA, juillet 2012.

toujours animés d'une incertitude relativement à leurs sorts dans les procédures collectives.

400. Par ailleurs ce travail répond à la problématique de départ en exposant les créanciers chirographaires antérieurs et postérieurs au jugement d'ouverture de la procédure collective en droit de l'OHADA. Il éclaircit les droits et les obligations des créanciers chirographaires, la notion de la créance née de la vie courante, les préoccupations et les limites des procédures collectives à l'égard des créanciers chirographaires, voire même l'ordre de paiement desdits créanciers chirographaires intervenant dans les mêmes procédures.

401. Cependant, malgré la richesse de ce thème, il ne couvre pas toute l'étendue des créanciers chirographaires à l'épreuve des procédures collectives en droit de l'OHADA. On ne peut pas du tout épanchés sur la question des créanciers chirographaires dans les procédures collectives actuelles, au-delà du redressement judiciaire et la liquidation des biens, il y a bien sûr le règlement préventif, la procédure de conciliation, de procédure simplifiée de règlement préventif, de redressement judiciaire et de liquidation des biens applicables aux petites entités économiques, auxquels les créanciers chirographaires sont aussi des acteurs. Donc une autre voie et pas la moindre s'ouvre pour les chercheurs.

402. Dans un pays comme la Guinée où les procédures collectives sont très mal connues, presqu'aucune décision n'est définitivement rendue de 2000 à 2017, il ne serait que bénéfique d'anticiper dès à présent une analyse dans ce sens.

ANNEXES

Assignation aux fins d'ouverture de redressement judiciaire (par un créancier chirographaire antérieur)

L'an deux mille .... et le ....

À la requête de la société .... SA au capital de .... dont le siège social est à .... (adresse), agissant poursuite et diligence de ses représentants légaux,

J'ai, Me..............., Huissier de justice près le Tribunal de ....
Donné assignation à :
La société .... SA dont le siège social est à .... (adresse), représentée par ses dirigeants légaux, en ses bureaux où étant et parlant à ....

D'avoir à se trouver et comparaître le .... à l'audience et par devant le TPI de .... le .... à 8 h du matin et aux audiences suivantes si besoin est ;

Pour :

Attendu que la requérante est créancière de la société X de la somme de ....GNF représentant le montant d'un chèque par elle émis et rentré sans payer pour défaut de provisions ;

Que malgré plusieurs démarches amiables, mises en demeure et même un commandement à elle servi par exploit d'huissier en date du 15 mars 2017, la société X n'a pas cru devoir payer sa dette ;

Que pourtant cette dette est certaine, liquide et exigible ;

Qu'il est aisé d'en déduire que cette société commerciale est en état de cessation de paiement au sens de l'art.25 AUPC ;

Qu'en vertu de l'art.28 AUPC, la requérante est recevable et fondée à voir constater l'état de cessation de paiements de cette société et à entendre prononcer l'ouverture de la procédure de redressement judiciaire à son égard ;

Attendu que la société X est inscrite au RCCM sous le n° ....

Par ces motifs et tous autres,

À déduire et à suppléer même d'office,

Vu les dispositions des art.25, 28 et s. AUPC ;

Constater que malgré le commandement reçu, la société X n'a pas payé la créance de la requérante qui est certaine, liquide et exigible comme résultant d'un chèque rentré impayé ;

Par conséquent, constater l'état de cessation de paiements de la société X et ouvrir à son égard la procédure de règlement judiciaire, avec toutes les conséquences de droit.

Ou

Un modèle d'assignation aux fins d'ouverture de redressement judiciaire par un créancier chirographaire antérieur. Ce modèle est à adapter selon la situation spécifique et les informations disponibles.

[Votre nom/Dénomination sociale]
[Adresse]
[Numéro de téléphone]
[Adresse e-mail]

À l'attention de
Monsieur le Juge-commissaire

Assignation aux fins d'ouverture de redressement judiciaire
À l'encontre de [Nom de l'entreprise débitrice]
[Adresse de l'entreprise débitrice]

Monsieur le Juge,
I. Désignation des parties
Demandeur :
[Votre nom ou dénomination sociale]
[Adresse complète]
[Numéro de téléphone]
[Adresse e-mail]

Défendeur :
[NOM DE L'ENTREPRISE DÉBITRICE]
[Adresse complète]
Société immatriculée au RCS de [Ville] sous le numéro [numéro…].

II. Objet de la demande
La présente assignation a pour objet de voir prononcer, à la demande du créancier soussigné, l'ouverture d'une

procédure de redressement judiciaire à l'encontre de la société [Nom de l'entreprise débitrice], conformément aux dispositions des articles...... et suivants de l'Acte uniforme portant procédure collective d'apurement du passif.

III. Exposé des faits

1. Créance du demandeur

Le demandeur est créancier de la société [Nom de l'entreprise débitrice] à hauteur de la somme de [Montant de la créance], correspondant à [Nature de la créance] (ex. factures impayées, contrat non respecté, etc.). Cette créance est certaine, liquide et exigible, comme en attestent les documents ci-joints (annexes [1], [2], etc.).

2. Cessation des paiements de la société débitrice

Il est constaté que la société [Nom de l'entreprise débitrice] est en état de cessation des paiements, au sens de l'article... de l'Acte uniforme portant procédure collective d'apurement du passif., depuis le [Date]. En effet, elle se trouve dans l'impossibilité de faire face à son passif exigible avec son actif disponible. Plusieurs démarches amiables sont restées infructueuses, comme en témoignent les relances effectuées sans succès (voir annexes).

3. Incapacité de l'entreprise à régler ses dettes

Malgré plusieurs relances de la part du demandeur, la société [Nom de l'entreprise débitrice] n'a procédé à aucun règlement de la somme due. En conséquence, le créancier soussigné se trouve fondé à solliciter l'ouverture d'une procédure de redressement judiciaire.

IV. Demande d'ouverture de redressement judiciaire

Au vu de ce qui précède, le créancier soussigné [Nom du demandeur] sollicite par la présente que soit prononcée l'ouverture d'une procédure de redressement judiciaire à l'encontre de la société [Nom de l'entreprise débitrice], conformément aux dispositions des articles…… et suivants de l'Acte uniforme portant procédure collective d'apurement du passif.

V. Pièces jointes

1. Factures impayées
2. Courriers de relance
3. Tout autre document justificatif de la créance et de l'état de cessation de paiements.

VI. Conclusion

Par ces motifs,

Le demandeur, [Nom du créancier], prie Monsieur le Président du Tribunal de Commerce de :

Prononcer l'ouverture d'une procédure de redressement judiciaire à l'encontre de la société [Nom de l'entreprise débitrice] ;

Désigner un juge-commissaire et, si nécessaire, un administrateur judiciaire pour assister l'entreprise dans la gestion de ses affaires ;

Ordonner toute mesure qu'il appartiendra au tribunal de prescrire pour l'organisation du redressement judiciaire.

Sous toutes réserves,

[Nom et signature du créancier ou de son avocat]

Ce modèle est une base à personnaliser selon les faits précis et la juridiction compétente. Il est recommandé de consulter un avocat ou un conseil juridique pour veiller à la conformité du dossier et des preuves.

Fait à notre cabinet, le ………..

Ordonnance de suspension des poursuites individuelles

Nous ……………

Président du TPI de ……………

Vu la requête qui précède, les cas dont il s'agit et les pièces produites à l'appui ;

Vu les dispositions de la loi notamment, les art.5 et s. de l'AUPC ;

Ordonnons la suspension de toute poursuite individuelle tendant à obtenir le paiement des créances désignées par la société .... et née antérieurement à la présente décision (à l'exception des créances énumérées à l'art. 9 AUPC al.3) ;

Disons que les délais impartis aux créanciers à peine de déchéance, prescription ou résolution de leurs droits sont en conséquence, suspendus pendant toute la durée de suspension des poursuites elles-mêmes ;

Désignons M. ...., expert ainsi désigné auprès de la présente juridiction, pour nous dresser un rapport sur la situation économique et financière de la SARL ...., les perspectives de son redressement ;

Disons que l'expert ainsi désigné est habilité à obtenir de toute personne régulièrement requise (banque, administration publique, comptable...), communication de tout document et renseignement ;

Disons que l'expert désigné devra, dans un délai maximal de deux (02) mois à compter de sa saisine, déposer au greffe son rapport contenant le concordat préventif, sous peine d'engager sa responsabilité auprès du débiteur ou des créanciers ;

Disons qu'il nous en sera référé en cas de difficulté ;

Vu l'urgence et le péril en la demeure, ordonnons l'exécution.

Fait en notre cabinet sis au palais de justice de ....

Le ....

Un modèle d'ordonnance de suspension des poursuites individuelles dans le cadre d'une procédure de redressement judiciaire ou de sauvegarde. Cette ordonnance est souvent prononcée par le tribunal à l'ouverture de la procédure collective afin de suspendre les actions en justice des créanciers contre l'entreprise débitrice.

Tribunal de Commerce de [Ville]

Ordonnance de suspension des poursuites individuelles

Dans l'affaire de :

La société [Nom de l'entreprise]

[Adresse de l'entreprise]

Société immatriculée au RCCM de [Ville], sous le numéro [...].

Date : [Date de l'ordonnance]

Vu :

Les articles...... et suivants de l'Acte uniforme portant procédure collective d'apurement du passif relatif à la suspension des poursuites individuelles ;

Le jugement du [date], prononçant l'ouverture de la procédure de [redressement judiciaire/règlement préventif] à l'encontre de la société [Nom de l'entreprise] ;

Les pièces versées au dossier et les arguments présentés lors de l'audience.

Considérant :

1. L'état de cessation des paiements (ou difficultés économiques graves) de la société [Nom de l'entreprise], dûment constaté par le tribunal ;

2. L'ouverture de la procédure collective a pour effet de suspendre de plein droit toutes les actions en justice engagées par les créanciers chirographaires de la société

débitrice en vue du paiement de leurs créances nées avant l'ouverture de la procédure ;

3. Cette mesure vise à garantir l'égalité des créanciers et à permettre la continuité de l'activité de l'entreprise débitrice dans le cadre de la procédure de redressement judiciaire (ou de règlement préventif).

Par ces motifs :

Le Tribunal, statuant publiquement, en matière commerciale, après en avoir délibéré,

Prononce la suspension des poursuites individuelles engagées par tous les créanciers de la société [Nom de l'entreprise] pour le recouvrement des créances nées avant le jugement d'ouverture de la procédure de [redressement judiciaire ou de règlement préventif] ;

Interdit aux créanciers de la société [Nom de l'entreprise], jusqu'à nouvel ordre, de poursuivre toute procédure d'exécution sur les biens de ladite société, sauf autorisation exceptionnelle délivrée par le juge-commissaire, conformément aux dispositions des articles...... et suivants de l'Acte uniforme portant procédure collective d'apurement du passif ;

Rappelle que cette suspension concerne les créances chirographaires antérieures à l'ouverture de la procédure et qu'elle s'applique également aux garanties et sûretés prises par les créanciers pour garantir leurs créances ;

Désigne [Nom du juge-commissaire], en qualité de juge-commissaire, chargé de veiller à l'exécution de la présente ordonnance et de l'administration de la procédure.

En conséquence, toutes les actions judiciaires et poursuites individuelles engagées par les créanciers à l'encontre de la société [Nom de l'entreprise] pour le recouvrement des créances antérieures au [date du jugement d'ouverture] sont suspendues jusqu'à la clôture de la procédure.

Fait et jugé :

Le [Date]
[Nom du Président du tribunal]

Le Greffier :
[Nom du greffier]

Ce modèle d'ordonnance est à adapter selon la situation spécifique et la nature de la procédure collective engagée (redressement judiciaire, règlement préventif ou la conciliation). L'ordonnance de suspension des poursuites individuelles permet de protéger l'entreprise en difficulté, en suspendant temporairement les actions des créanciers afin de faciliter la gestion de la procédure.

Annonce dans un journal d'annonces légales de l'ouverture d'une procédure collective en faveur d'une société

Nous, syndic ...., syndic du règlement préventif (ou du règlement judiciaire ou de la liquidation) de la société X, portons à la connaissance du public que par décision n° .... rendue le ...., par le tribunal de ...., la société X a été admise au bénéfice du règlement préventif (ou du règlement judiciaire ou de liquidation des biens).

Par conséquent, tous les créanciers de cette société sont invités à produire leurs créances entre les mains du syndic à l'adresse suivante ....

Très important :

Il est expressément rappelé qu'en vertu de la loi (art.78 AUPC) :

— toutes les créances doivent être produites dans un délai de 30 jours suivant la deuxième insertion au journal d'annonces légales, celle-ci étant la première (ou la deuxième) insertion ;

— à défaut de déclaration ou en cas de déclaration tardive, vous serez forclos, c'est-à-dire que votre déclaration ne sera plus reçue ;

— pour le créancier domicilié hors du territoire national, le délai de production des créances est de 60 jours ;

— cette obligation de déclarer les créances concerne, non seulement les créanciers chirographaires, mais aussi ceux munis d'une sûreté (gage, nantissement hypothèque…). Sont également concernés ceux qui, munis d'un titre de créance ou non, ont, avant la décision d'ouverture, saisi le tribunal pour faire reconnaître leurs droits. Il en est de même des créanciers titulaires d'un droit de revendication.

Cette obligation de produire les créances trouve sa source dans l'art.78 AUPC ci-dessus reproduit (reproduction intégrale de l'art.78 AUPC).

N.B : Cette annonce doit être faite en deux insertions dans un journal habilité à recevoir les annonces légales du siège de la société et du lieu où elle a ses principaux établissements. La deuxième insertion doit intervenir 15 jours après la première.

Un modèle d'annonce légale à publier dans un journal d'annonces légales (JAL) pour informer de l'ouverture d'une procédure collective (le règlement préventif, la conciliation, le redressement judiciaire ou la liquidation judiciaire) en faveur d'une société.

Annonce légale – Ouverture d'une procédure collective
Tribunal de Commerce de [Ville]
Jugement en date du [date du jugement]
Société [Nom de l'entreprise]
[Forme juridique]
[Adresse de l'entreprise]
[Numéro…]
[Capital social]

Par jugement en date du [date], le Tribunal de Commerce de [Ville] a prononcé l'ouverture d'une procédure de [le règlement préventif, la conciliation, le redressement judiciaire ou la liquidation judiciaire] à l'égard de la société [Nom de l'entreprise].

Activité : [Description succincte de l'activité de la société]

Date de cessation des paiements : [Indiquer la date si applicable, dans le cas du redressement judiciaire]

Juge-commissaire : [Nom et adresse du mandataire judiciaire désigné]

Administrateur judiciaire (si applicable) : [Nom et adresse de l'administrateur désigné]

Les créanciers de la société sont invités à déclarer leurs créances auprès du mandataire judiciaire dans un délai de xxx mois à compter de la publication du présent jugement au Bulletin Officiel des Annonces commerciales (BODAC).

Pour avis,
Le [Date de la publication dans le JAL]
Explications :

1. Tribunal compétent : Il s'agit du tribunal qui a prononcé l'ouverture de la procédure collective. Généralement, c'est le Tribunal de Commerce pour les entreprises commerciales.

2. Date du jugement : Il est important de préciser la date exacte du jugement prononçant l'ouverture de la procédure collective.

3. Société concernée : Mentionnez le nom complet de l'entreprise, sa forme juridique (SA, SARL, SAS, etc.), son numéro…, son adresse et son capital social.

4. Type de procédure collective : Précisez s'il s'agit d'une procédure du règlement préventif, de la conciliation, du redressement judiciaire ou de la liquidation judiciaire.

5. Juge-commissaire : Le nom et les coordonnées du mandataire judiciaire qui est chargé de représenter les créanciers et d'organiser la procédure. Si un administrateur judiciaire est désigné (souvent en cas de redressement judiciaire), il doit également être mentionné.

6. Créanciers : Il est impératif d'indiquer le délai de déclaration des créances par les créanciers (généralement deux mois à compter de la publication au BODACC).

7. Date de publication : Précisez la date à laquelle l'annonce est publiée dans le journal d'annonces légales.

Cette annonce doit être envoyée à un journal d'annonces légales habilité dans le département où se trouve le siège social de l'entreprise. Une fois publiée, elle sera ensuite répercutée dans le BODAC, qui centralise les annonces relatives aux procédures collectives.

Mots-clés : Créances — Créances chirographaires — Créanciers — Créanciers chirographaires — Juridiction compétente — Paiement à l'échéance — Paiement par préférence — Créancier muni d'un titre exécutoire — Créanciers non muni d'un titre exécutoire — Débiteur en cessation des paiements — Créances chirographaires antérieures — Créances chirographaires postérieures — Jugement d'ouverture.

BIBLIOGRAPHIE GÉNÉRALE

I- *Ouvrages Généraux*

- André Jacquemont, Droit *des entreprises en difficulté ; Manuels juris-classeur,* 3e éd. 2003. « Professeur à l'Université de Bourgogne »
- COLLIN (G.), GUILLERAT (J.C.) et MOUNIER (B.), *L'égalité des créanciers dans les procédures collectives.*
- DERRIDA (F.), *Intérêt collectif et intérêts individuels des créanciers dans les procédures collectives de redressement ou de liquidation judiciaires,* Mélanges Barthélemy MERCADAL.
- Filiga Michel Sawadogo; *Droit des entreprises en difficulté, collection droit uniforme Africain*, édition Juricope 2003.
- SAWADOGO (F.M.), *Acte uniforme portant organisation des procédures collectives d'apurement du passif.* Commentaires, EDICEF, éd. FFA 2000
- Yve Guyon : Droit des affaires ; *entreprise en difficulté redressement judiciaire-faillite*, 9e éd. Tome 2 Economica 2003.

II- *Ouvrages spéciaux*

- N'diaw Diouf : *recouvrement des créances et voies d'exécution*, éd. 2002 POUGOUE (P.-G.), Encyclopédie du droit OHADA, Lamy.
- Pr. Isaac Yakouba N'DIAYE, agrégé des Faculté de droit au Sénégal, *Manuel de Cours de droit des Obligations*,

éd. 2004, lors d'une mission d'enseignement en Guinée-Conakry à l'Université Gamal Abel Nasser.

III- *Dictionnaires Lexiques et encyclopédie*

- AZEMA, et Alii, *Dictionnaire de droit des affaires, Dictionnaires de Droit*, Ellipses.
- BITSAMANA (H.-A), *Dictionnaire OHADA, Ohadata* D-05-33.
- CORNU (G.), *Vocabulaire juridique de l'association Henri Capitant*, 9ème éd. Mise à jour « Quadrige » : 2011, août revue et PUF.
- Lamy, *Encyclopédie du droit OHADA*, mise à jour en 2010.

IV- *Thèses, mémoires et cours*

- BENSAUDE (Th.), *la situation des créanciers de l'article 40 de la loi du 25 janvier 1985,* mémoire de DEA, Université Nice Sophia Antipolis, 1995.
- BRUNET (A.), *Masse des créanciers et créanciers de la masse*, thèse Nancy, 1973.
- CASSINI (D.), Le *paiement des créanciers dans le redressement judiciaire*, mémoire de DEA, Université Nice Sophia Antipolis, janvier 1989.
- Harouna Saley Sidibé, *Le sort des créances postérieures en droit français et droit de l'Organisation pour l'Harmonisation en Afrique du droit des Affaires (OHADA),* THÈSE En vue de l'obtention du doctorat en Droit, à l'Université Nice Sophia Antipolis, Le 30 septembre 2013 à 14 h 30,

LE CORRE (P.-M.), Le *créancier face au redressement et à la liquidation judiciaire des entreprises,* PU d'Aix-Marseille, 2000.

- PUTMAN (E.), *La formation des créances*, Thèse Aix-Marseille III, 1987.

- SAINT-ALARY-HOUIN (C.), *La situation des créanciers postérieures à l'ouverture de la procédure*, in « les annales de l'université de Toulouse », T., XXX. IV, 1986.

- TOE (S.), *Approche critique de l'application judiciaire du droit des Procédures Collectives dans l'espace OHADA*, thèse de doctorat en Droit. Perpignan : Université Via Domitia, 2010.

V- Articles, communications et chroniques

- Actes du colloque sur le droit communautaire en Afrique, « *De la concurrence à la cohabitation des droits communautaires* », ERSUMA, du 24 au 26 janvier 2011, Cotonou (Bénin), 1e éd. novembre 2011.

- BOULAY (J.-C.), « *Réflexion sur la notion d'exigibilité de la créance*, RTD com., 1990. »

- CABRILLAC (M.), « *Les ambigüités de l'égalité entre les créanciers*, » Mélanges BRETON DERRIDA, D. 1991, p.31.

— LEGUEVAQUES (Ch.), « *Le sort des créanciers après la loi de sauvegarde des entreprises : entre renforcement des droits et allègement des devoirs.* »LPA 17 février 2006.

— LEGUEVAQUES (C.), « *L'égalité des créanciers dans les procédures collectives* » : flux et reflux, Gaz. Pal. 4-6 août 2002, p.2.

— MONSERIE-BON (M.-H.), « *Aperçu sur le Droit Japonais des Procédures Collectives,* » Osaka University Law Review, n° 59, February 2012, p.27-36.

- PEROCHON (F.), « *Le sort des créanciers antérieurs »,* colloque CRAJEFE du 27 mars 2004, LPA 10 juin 2004, p. 17, n° 20.
- PEROCHON (F.), « *Le sort des créanciers postérieurs,* » LPA 10 juin 2004, n° 116, p. 16.
- PIZZIO-DELAPORTE (C.), « *L'action paulienne dans les procédures collectives,* » RTD com. 1995, p.715.
- SAINT-ALARY-HOUIN (C.), « *Classement des créanciers »* : frais de justice, Rev. proc. coll. n° 5, Septembre 2009, comm. 124.

VI- Avis, recommandations et rapports

- LEVY BRUHL (H.), Rapport aux travaux du 4e colloque des facultés de *droit et sciences économiques, Droit-Economie-Sociologie,* annales de la faculté de droit et sciences économiques de Toulouse, Paris, D.1959.
- SAMB (M.) et Alii, Etude sur *les difficultés de recouvrement des créances dans l'espace* UEMOA : cas du Bénin, du Burkina Faso, du Mali et du Sénégal, Rapport final, Trustafrica, ERSUMA, juillet 2012.

VII- Textes législatifs et réglementaires

- L'Acte uniforme portant organisation des procédures collectives d'apurement du passif
- L'Acte uniforme portant organisation des Sûretés
- L'Acte uniforme portant organisation des procédures simplifiées de recouvrement des créances et voies d'exécution
- Code civil guinéen, mise à jour en 1996
- Code de procédure civile économique et administrative de Guinée
- Code pénal Guinéen

- Code des obligations civiles et commerciales du Sénégal annoté (annoté, textes nationaux et internationaux de l'OHADA intégrés) EDJA 2004
- Code de commerce de France
- L'ordonnance du 18 décembre 2008 modifiant la loi de sauvegarde des entreprises en France

TABLE DES MATIÈRES

STRUCTURES ÉDITORIALES DU GROUPE L'HARMATTAN

L'HARMATTAN ITALIE
Via degli Artisti, 15
10124 Torino
harmattan.italia@gmail.com

L'HARMATTAN HONGRIE
Kossuth l. u. 14-16.
1053 Budapest
harmattan@harmattan.hu

L'HARMATTAN SÉNÉGAL
10 VDN SICAP AMITIE 3
BP 45034 Dakar-Fann
direction@senharmattan.com

L'HARMATTAN CAMEROUN
Tsinga/Derrière polyclinique FECAFOOT
BP 11486 Yaoundé
Jacques.koukam@harmattan.fr

L'HARMATTAN BURKINA FASO
Villa 281, secteur 23 623, rue 14.32
Ouagadougou
zagbie@outlook.fr

L'HARMATTAN GUINÉE
Almamya, rue KA 028 OKB Agency
BP 3470 Conakry
harmattanguinee@yahoo.fr

L'HARMATTAN RDC
185, avenue Nyangwe
Commune de Lingwala – Kinshasa
matangilamusadila@yahoo.fr

L'HARMATTAN CONGO
219, avenue Nelson Mandela
BP 2874 Brazzaville
deunovmikhael@gmail.com

L'HARMATTAN MALI
Immeuble Mgr Jean Marie Cissé
Aci Hamadallaye
BP 145 Bamako
syllaka@yahoo.fr

L'HARMATTAN TOGO
Djidjole – Maison Amela
face EPP BATOME
02 BP 20680 Lomé
didieramela11@gmail.com

L'HARMATTAN CÔTE D'IVOIRE
Résidence Karl – Cité des Arts
Abidjan-Cocody
03 BP 1588 Abidjan
harmattan.ivoire@gmail.com

L'HARMATTAN BÉNIN
Rue 604, (Immeuble à l'entrée
de la rue UCAO- Cite de Saint-Jean)
Cotonou
stepcorpus@gmail.com

NOS LIBRAIRIES EN FRANCE

LIBRAIRIE INTERNATIONALE
16, rue des Écoles
75005 Paris
librairie.internationale@harmattan.fr
01 40 46 79 11
www.librairieharmattan.com

LIBRAIRIE DES SAVOIRS
21, rue des Écoles
75005 Paris
librairie.sh@harmattan.fr
01 46 34 13 71
www.librairieharmattansh.com

www.ingramcontent.com/pod-product-compliance
Lightning Source LLC
LaVergne TN
LVHW010940061026
849535LV00007B/2490